ある生き方

――新しい解釈のないカント理解――

鳥谷部 平四郎 著

大学教育出版

目　次

序 …………………………………………………………………… *1*

第1章　『人倫の形而上学の基礎づけ』 ………………………… *5*

第2章　『実践理性批判』 ………………………………………… *29*

第3章　『単なる理性の限界内における宗教』の＜第1篇・第2篇＞ …*49*

第4章　『判断力批判』における目的論的判断力の批判 ……… *62*

第5章　『単なる理性の限界内における宗教』の＜第3篇・第4篇＞ …*84*

結　語 ……………………………………………………………… *96*

あとがき …………………………………………………………… *100*

序

　「倫理」の「倫」とは「友達・仲間」を意味し、それから展開し、人間の「関係」「秩序」を意味するといわれる。アリストテレスによれば、倫理は政治に最もよく現れるという。この意見にしたがえば、倫理は経験界あるいは現象界で顕現するものである。時間と空間が変われば、善悪も変わる。つまりあるポリス（都市国家）の人々が「善である」と判断することが、他のポリスでは「悪である」と判断されることもある。例えば、スパルタの人々は祖国のため、戦死することを恐れてはいけないという倫理観があり、母親は子供の死を喜ばなければならないし、夫の死を婦人は喜ばなければならないとされていたことがよく知られている。日本の特攻隊も同じような倫理に基づいていたし、現在（2002年春）、アメリカとアフガニスタンのタリバン政権との間で戦争が行われている。ムスリムの過激派のいうジハードも同じような倫理観に基づいている。またある時代に「善である」と判断されたことが、別の時代には「悪である」と判断されることもある。例えば、太平洋戦争のときは天皇のために死ぬことは善と判断されたが、現在の天皇は象徴にすぎないから、天皇のために死ぬということはあり得ないのである。また現在「善である」と判断されることが、将来「悪である」と判断されることもあるであろう。このようなことを経験界あるいは現象界に顕現するという。時間と空間に制約されるならば、普遍性も普遍妥当性も存在しない。それでは時間と空間に制約されることのない、つまり普遍妥当性を持つ倫理は存在しないのであろうか。

　313年コンスタンティヌス皇帝が行った「ミラノ勅令」によってキリスト教が容認され、392年にテオドシウス皇帝によってローマ帝国の国教とされた。それ

以来キリスト教は政治権力と結びつけられ、聖職者は政治家を利用し、政治家は聖職者を利用してきた。それを最もよく物語るものは、「神聖ローマ帝国」であろう。ドイツのオットー1世が962年に皇帝に選出されて以来、その「神聖ローマ帝国」は1806年まで続くのであるが、その期間は聖と俗の協力、反発、争い、従属の歴史であった。しかし我々日本人からみるならば、ヨーロッパの一般の民衆にとって中世はキリスト教の支配する時代であった。というよりはむしろ人々はキリスト教をすべての判断の規準（カノン）とした。つまり教義（Doktrin）は、キリスト教を信じる者にとって神からの命令であった。その教義を公布したのは聖職者であった。聖職者の頂点には教皇（Papst）がいた。保守的聖職者と対立したのが、革新的聖職者、つまり宗教改革者たちであった。宗教改革者たちの中で我々日本人に最も名を知られているのが、ルターである。ルターが95か条の提題を掲げたのが1517年であった。ルターによれば、信仰は個人の内面の問題であって、他人から、つまり教会から強制されるものでもなく、人間の原罪はお札（免罪符）をお金で買うことによって免れるものでもない。ここに宗教を介しての「個人」が出現するのであるが、しかし現代的な意味での個人が出現するまでは、人類はさらに数世紀の時間を必要とした。人間は孤立した存在者であると同時に共同体を構成する一員でもある。我々はこの二者択一的状況の中で、時には個人を優先させ、時には共同体を優先させて判断しているのである。したがって我々は日常の生活においては倫理、つまり善悪をその都度利便性、利害、快不快などを原則にして判断しているのである。特に現代の我々日本人は、仏教、中国人の老子・荘子の道教、孔子の儒教・朱子学、儒教を展開させた武士道、アメリカのプラグマティズムの影響を受け多様な価値観に基づいて判断している。また犯罪の軽重にしたがって法が適用され、その命令にしたがうことによって償うのである。もし償いによって無罪放免されないとすれば、罪を犯した人間は社会の中では生活することができない。日本にあったかつての村八分（火事と葬儀の2つを除いて八分という）は犯罪を防止する方法であったし、今でも存在すると思われる。それは「人に迷惑を

かけるな」とか「後ろ指をさされないようにしろ」とかというように表現されている。このような消極的表現は普遍的道徳的原則がないことの結果であるか、もしくは混乱していることの現れである。道徳的原則がないこと、また混乱していることが逆に他人に対して寛容であることにも通ずる。むしろ我々人間は完全ではないがゆえ、罪を犯す可能性があり、犯罪人に寛容であり得るし、他人の心情、信仰、信念にも寛容であり得るのである。ユダヤ教徒、それから派生したキリスト教徒、イスラム教徒は宗教的には、我々日本人からみるならば、寛容という点では劣っていると思われる。したがって、それが政治と結びついたときは、敵対者や他国の者に対しては厳格である。ユダヤ教徒、キリスト教徒、イスラム教徒の間に起こった過去の宗教上の争いを振り返ってみれば、すぐ理解されることである。

　ボーダレスの時代である現代は、戒律の厳しい宗教の受容は避けるべきであろう。しかしながら、もし普遍妥当的理念が存在するならば、積極的に受容すべきであろう。というのは理念は統制原理として、我々の自由の動機となるならば、つまり道徳とは結果ではなく、動機にあるとするならば、結果を恐れる事なくそのような理念を受け入れるべきであろう。実際我々の憲法は受け入れている。例えば、憲法の序文に「基本的人権」という理念がある。これはキリスト教の理念であるが、我々はその出自を問うことなく、日本国の憲法の基本的理念としている。我々はその根拠を忘れてはならないし、常に吟味し続けなければならない。普遍妥当的理念は結果ではなく、我々の行為の規範でなければならないのである。つまり自由を制御（統制）するもの、自由に方向を与えるものでなければならないのである。

　カントは普遍妥当的理念と道徳論を携えて世に現われたのである。ここでカントの倫理全体に触れることはできないが、『人倫の形而上学の基礎づけ』『実践理性批判』『判断力批判』『たんなる理性の限界内における宗教』の4つの作品を概観する。その概観を通じて、カントの倫理観を明らかにする。

＜der kategorische Imperativ＞

　このドイツ語は日本語で「定言的命法」とか「断言的命法」と訳されているが、＜kategorisch＞という語は、ギリシア語の（kata＋agoreuein）に由来する。＜kata＞は２格または４格支配の前置詞で、英語で＜against, over, oppsite＞と訳され、＜agoreuein＞は動詞で、＜agora＝a place of assembly, market-place, a speech made in the forum＞に由来し、英語で＜to speak in the assembly＞と訳されている。以上のことから推量すれば、「公の場（民会もしくは裁判）で反論する」と訳してよいと思われる。「定言的命法」とか「断言的命法」とかに訳された理由は、その内容を理解し、そのように訳されたものと思う。私も伝統にしたがって「定言的命法」という訳語を使用する。前もって簡単にいうならば、「定言的命法」とは「自分の理性を通じての自分に対する絶対的命令」という意味である。カントの倫理はこの命法に集約されている。その「定言的命法」とは、次のような命法である。

Handle nur nach derjenigen Maxime, durch die du zugleich wollen kannst, daβ sie ein allgemeines Gesetz werde.
「君は（君の）格律が同時に普遍的法則となるとこを望むことができるような格律にしたがってのみ行為しなさい」。

─────── 凡　　例 ───────
　引用箇所は普通原文で表示するのであるが、幸いにして翻訳があるので、その翻訳書のページで表示することにした。例えば、この「定言的命法」は、「理想社カント全集第七巻」の63ページにある。表示（7－63）とした。なお、翻訳書は『カント全集』（理想社）を使用した。

　定言的命法が成立する根拠を立証しようとするのが、この著作の目標である。

第1章

『人倫の形而上学の基礎づけ』
(Grundlegung zur Metaphysik der Sitten)

　Maxime は格律と訳されるが、その格律を簡単にいえば、個人が行為する場合、意志決定を行うが、その決定の規準となるのが格律である。そうすればここで問題になるのが自由である。果たして我々に自由があるだろうか。例えば、腹がへったとか、眠たい、寒い、暑いといった現象は自然現象であり、また何かをつくる、つまり絵画、銅像、彫刻、人形、家、その他現象界に形のあるものを創造しようとするならば、最適な材料を集めなければならない。果たしてここに創造の自由が存在するだろうか。つまり必ず自然界の制約を受ける。むしろ我々は自然界の制約、つまり自然の規則にしたがって生きているのではないだろうか。食物を摂取するということは、まさに自然に支配されているということなのではないだろうか。このような視座からすれば、我々は分子生物学者がいうように、物質を構成する分子構造によって、すべてが、つまり我々の行為、いや考えることも物質によって支配されているかもしれない。例を挙げるならば、我々の脳の中心にある脳下垂体からでるホルモンによって、身体的現象はすべて支配されている。

　以上のような見解に対して、当然、反論が提起される。例えば、腹がへっても我慢ができるではないか。また眠くても我慢ができるのではないかということである。最も決定的な反論がある。我々は、日本の密教には「即身成仏」ということがあることを知っている。これは水だけを口に含んで生きたままミイラになることであるが、これこそ自然に逆らって、自分の自由を実現すること

ではないかということである。確かに、これは個人の自由を実現することであるが、これはあくまでも結果であり、動機ではない。つまり「即身成仏」を願ってもほんどどの人はそれを実現することができなかったし、またできないであろう。そこにはなんの普遍性も、普遍妥当性もない。単に自然に逆らっての自然でしかない。果たしてこれが自由であるといい得るかは疑問である。妥協して自由であるとしても、そこには道徳性もなければ、普遍性もないから、単なる恣意であり、気ままな思い付きである。

そこでカントにしたがって自然法則と自由を考察してみよう。

カントは『純粋理性批判』の中で「第3の二律背反（Antinomie）」として自然法則と自由の関係を考察している。二律背反とは2つの命題がそれぞれの権利をもって対立し、対立する命題によって否定されることはないということである。2つの命題とは、定立（Thesis）と反定立（Antithesis）であり、並列されている。

Thesis：

Die Kausalität nach Gesetzen der Natur ist nicht die einzige, aus welcher die Erscheinungen der Welt insgesamt abgeleitet werden können. Es ist noch eine Kausalität durch Freiheit zur Erklärung derselben anzunehmen notwendig.

「自然の諸法則にしたがっての原因性は、世界の諸現象が総てそこから導かれ得る唯一のもの（原因性）ではない。それゆえ、自由を通じての原因性が諸現象を説明するために想定されることは必然である」（5-184）。

Antithesis：

Es ist keine Freiheit, sondern alles in der Welt geschieht lediglich nach Gesetzen der Natur.

「いかなる自由もなく、世界におけるすべてのものは単に自然の諸規則にしたがって生成する」（同上）。

上の定立を簡単にいえば、自由の存在を肯定するもので、反定立は自由を否

定するものであるが、カントの証明にしたがって概観することにする。

定立の証明

　もしすべてのものが自然法則にしたがって生起するとすれば、必ず先行する原因が存在する。しかし因果律の系列はどこで完成するか、つまり始原（アルケー）はどんなものとてし想定されるであろうか。確かに物理学が進歩発展して素粒子、その中のニュートリノの世界まで分析できるようになった。しかしそれは1つで物質としての働きをなしているが、しかしながらそれを因果律の始原と想定するのは現在ところ無理がある。「それゆえ、自然法則にしたがう原因性は唯一の原因性として想定される」ことはない。原因は原因性ではない。つまり（外的もろもろの）原因から抽象されたのが原因性という概念である。このような概念はア・プリオリであり、経験の根拠としては先験的（transzendental＝この語は一般に「超越論的」と訳されているが、私は自然に関わるときこの訳語を使用している）である。規準にしたがって決定されたことが現象化された場合は、結果として普遍的法則になることがあるかもしれない。それゆえ、「自然法則に経過する諸現象の系列を、自ら始める原因の絶対的自発性（absolute Spontaneität）、つまり先験的自由が存在すると想定されなければならない」（5－185～187）。

反定立の証明

　もし先験的自由が存在するとすれば、その結果は因果法則に反することになる。現象界の法則に属さないことになり、現象界に属さないものは統一されることはないのであるから、経験界では「見いだされる」ことはない。それゆえ、先験的自由は単なる「1つの空想物（Gedankending）」にすぎないのである。先験的自由の立場からすれば、確かに自然の諸法則から解放されるが、世界経過の因果法則（die Kausalität des Weltlaufs）から引き離されることになる。自由が法則によって束縛されるならば、それは自然である。自然的要因を動機にするな

らば、例えば、生理現象の1つ、空腹が生じたとき、食事しても、たとえ我慢しても、それは自然法則に支配されて選択するにすぎない。この意味で結果から自由を求めるならば、その自由は善の方向も採り得るし、悪の方向も採り得るから「盲目（blind）」であることが理解される。このような自由は自然法則を動機とする自由ではあるが、その都度気まぐれに依存する自由以上のものではない（同上）。

カントによれば、以上の証明だけでは十分ではない。なぜならば、先験的自由が想定されただけでは何も解決されないし、また自然の現象を動機とする限り自由は存在しないからである。カントは証明の注をつけてさらに詳論する。

定立の証明の注
　「証明」で先験的自由が想定された。その先験的自由は理念とされる。理念とは経験的な要素を含まない。つまり経験を超えたものである。経験を超えるといっても二重の意味があり、1つは経験を可能ならしめる「先験的（transzendental）」という意味と、もう1つは、メタ（metaこの術語はギリシア語で「後」とか「超えて」という意味である）という形而上学的なもの、つまり神とか、霊魂とか、我々の経験では認識できないという意味である。この場合は「超越的（transzendent）」といわれる。したがって、理念は超越性と先験性を含んでいる。後に詳しく考察するが、前もって結論をいえば、理念は認識の対象として超越しているが、実践の規準としては、我々の行為を統制（regulativ）するのである。このような両義性を持つ理念は今後「超越論的」という訳語を使用する。またカント哲学を理解するに前提がある。理念が経験を超えており、その理念を認識するもの、もしくは思惟する理性は思弁（spekulativ）理性と呼ばれている。

　プラトンの「イデア」も、アリストテレスの「不動の動者」も理念である。または神、霊魂なども経験を超えた、思弁理性の対象であり、古来理念といわ

れる。カントはこのような理念を超越論的理念と名づけ、哲学にとって「本来の躓きの石（der eigentliche Stein des Anstoβes）」であると述べている。ただ思惟するだけならば、自由をこのような超越論的理念として想定することによって、新たなる因果法則の始まりが推論される。例えば、神の奇跡とか、霊魂の不死性とかを前提にして、「後続する諸状態はすべて単なる自然法則にしたがう連続と見なされる」ような自然現象が生成する。例えば、「神の奇跡的な助けで戦争に勝つことができた」というようなことである。思弁理性だけで推論するならば、自由は超越論的理念として想定され得るのである。前もっていうならば、このような自由は「消極的自由」といわれるが、しかし実践理性との関わりで、「積極的自由」といわれる。後に詳論する（5－188～191）。

反定立の証明の注
　現代の物理学によれば、空間にも重力がある。つまり物質の存在しない空間は存在しない。絶対空間などというものは存在しない。物質が存在する限り、運動が存在し、時間が存在する。我々人間も物質的存在であり、宇宙内に存在する物質は共通するものであるから、物質以外のアルケー、つまり自由を想定する必要がない。カントの言葉でいえば、「数学的にも力学的にも、いかなる第１の始まりも求められる必要はない」。自然をアルケーとしても「何らの困難もない」のである。人間が「食物連鎖」のなかでは単なる消費者であると想定されているように、まさに自然の恩恵を一方的に受け取るだけの存在者である。我々人間は外から食物を摂取することによって生きているし、思惟することができる。糖分、脂肪、蛋白質のなかで特に、蛋白質は積極的に働く栄養素であり、我々の身体を維持し、分子を構成し、酵素として、またホルモンとして働き、病気の原因となったり、治癒させたりもする。我々の身体的現象の一切を支配しているのである。蛋白質の分子構造と働きで、イデアも不動の動者も、諸理念もすべて考えられた思惟物である。したがって、「自由という１つの超越論的能力が世界の変化を始めるために認められるとしても、この能力は少なく

とも世界の外部にしか存在しない」のである。自然法則の支配する世界では、自由が介入する余地がないのであり、もし自由という原因性を認めるならば、自然法則がその「影響によって、絶えず変えられ」、「混乱させられ、脈絡のない」ものとなる（同上）。

　以上がカントのいう二律背反、つまり「第3の二律背反」の概観である。二律背反とはそれぞれの言い分が、それぞれ対立する言い分によって否定されることはないということである。この第3の二律背反は自由と自然の対立であるが、別な言い方をすれば、観念論と唯物論の対立である。私がこの二律背反を取り上げた理由は、格律の根拠を求めてのことであった。格律は方向を持っていなければならない。つまり「普遍的法則」を目指してのものでなければならない。普遍的法則は善なのか、悪なのかこの時点ではいえない。普遍的法則は私にとって、悪であるかもしれない。つまりある義務を果たすことは私を不幸に陥れるかもしれない。「私が不幸になっても、なぜ、普遍的法則を目的としなければならないのか」という問題が生じる。このような様々の問題を解決しなければ、格律の問題は解決しないのである。

　かつて孟子が、人間は生まれながら性善で、危機に直面し、まさに死にかかっている人を見たら無条件にその人を助けるであろうという性善説を唱えた。これに対して荀子は、人が溺れかかっている子供を見たときには、この子供を助けるならば、きっと報酬を手にすることができるであろうともくろみ、その子供を助けるものだとした。つまり人間は生まれながら性悪なものであるから、それを乗り越えるように教育が必要であるとする性悪説を説いた。蛇足であるが、中国には人間は性善でもなければ、性悪でもないと主張した告子という思想家もいた。

　孟子や荀子の例を出すまでもないが、人間はそれぞれの固有の独自性、つまり気質（Temperamet）、性格（Charakter）、性癖（Hang）、傾向性（Neigung）などと呼ばれるものを持っていることは誰でも承認するであろう。カントによれ

ば、人間は感性的存在者であると同時に叡知的存在者である。どちらが優れているということはないが、進化論という視座からみるならば、理性（ここでは単なる推論の能力として）を持っていること、また他人に対する責任、義務の意識を持っていることが、他の生きものと区別されるものと思う。

　ここでカントにしたがって「義務」を考察することにする。

　ある商人が彼の不慣れな客に法外な高値をつけないということは、いうまでもなく義務にかなったことである。そして取引がたくさんあるときは、法外な高値をつけることは実際利己的な賢い商人でもやらず、普通の定価をすべての人々に対して保ち、それゆえ子供でさえあらゆる他の人々と同じように彼のところで買う。つまり人々は正直に取り扱われるのである。しかし、このことだけではなお不十分である。つまりこのことを根拠として、商人は義務と正直の諸原則に基づいて振る舞ったと信じることはできない。彼の利益がこのような義務にかなった行為を要求したにすぎない。またこの商人がそれ以上に買い手たちに直接的な傾向性を持っているかもしれない。その結果、愛の心から何人に対しても価格という点で特別なことはしないということはあるかもしれないが、この行為は義務に基づいているとしても、また直接的な傾向性からでもないとしても、ただ利己的なもくろみにおいて行われたのである（7-27～28）。

　自分の生命を保持することは義務であり、それとともにどんな人もこのことに対しては、なお直接的な傾向性を持っている。しかしそれにもかかわらず、この直接的傾向性のゆえに、このしばしば小心に行われる配慮は、それを人間の大多数のものが自分の生命を保持のために持ったとしても、何ら内的価値を持たず、またこれらの人々の格律も何ら道徳的価値内容（moralischer Gehalt）を持たないのである。人々はその生命をまことに義務にかなって（pflichtmäβig）保持しているが、義務に基づいて（aus Pflicht）そ

のようなことをしているのではない。――自分の生命を保持する場合、自分の生命を愛するのではなく、また傾向性または恐怖に基づくのでもなく、義務に基づいて保持する場合、このとき彼の格律は道徳的価値内容を持つのである（7-28）。

　できるだけ親切を行うことは義務である。それゆえ、そのうえ本性的に非常に同情心の豊かな人たちがいる。それで彼らの虚栄心、あるいは利己心といった何か他の動機がないとしても、喜びを自分の周囲に広げることに心からの満足を見いだす。――私が主張することは、このような行為がはなはだ義務にかない、はなはだ愛すべきものであっても、何ら真の道徳的価値を（keinen wahren sittlichen Wert）持たず、むしろ他の諸傾向性と、例えば、名誉を求める傾向性と同じものであるということである。この名誉を求める傾向性は、それが幸運にも公的利益に役立ち、義務にかない、したがって名誉となる事柄にふさわしい場合、賞賛や激励に値しても、尊敬に値しない。なぜならば、その格律には道徳的価値内容が欠けている・・・傾向性に基づいてではなく、義務に基づいて行うということが欠けているからである（7-28〜29）。

　人間は自分自身の「幸福を確保することは義務である」。――なぜならば、「すべての人間はすでに自ら幸福に対する最も力強く最も奥深い傾向性を持っているのである」（7-29〜30）。

　以上のことから理解されることは、ある行為が格律に基づいて（第1の例でいうならば、商人が駆け引きすることなく、またすべての買い手に同じ値段で売ること）行われ、その格律が義務にかなっていたとしても、義務と正直の諸原則に基づいていたとはいえないのである。なぜならば、より多くの利益をもくろみ、ただ義務と正直の諸原則に基づいていると思わせようとしたのかもし

れない。このような義務だけでは善悪の判断は下されない。というのは、商人の行為にはいかなる道徳性も見いだすことができないからである。つまりこの商人の行為は利己心だけが格律の根拠であったのである。この格律は普遍的法則を目標としているとはいえないのである。

次に第2をみてみよう。

生命を保持することが義務であるとする。生命を保持することは、人間に特有なことではなく、あらゆる生命体の本性である。そればかりではなく、種の保存はどのような視座からみても、義務であるとしなければ、この世界の否定になる。人間であるがゆえに、つまり思惟することができるゆえに、自殺することができる。思惟することができない生命体は自殺することができないのである。したがって生命を保持することが最も基本的なことで、生命体の1つの傾向性である。傾向性に基づいた格律は義務にかなっているが、やはり第1の例と同じく善悪の問題なのではない。

第3の例は、一見義務に基づいて行為をしているように見えるが、傾向性に基づいている。したがって、「賞賛や激励に値しても、尊敬に値しない」のである。つまり道徳的価値があるとは判断されないのである。

第4の例は、人間ばかりではなく、すべての生物に妥当する。すべての生物は快適な環境を求めて行為をする。これは種の保存にも関わることである。種の保存のためには、我々の想像を超えるようなことが行われるのである。例えば、ベネズエラには日の光を求めて移動する植物が存在する。日の光に向けて根を成長させ、今まであった根を枯らし、前進するという植物である。このような行為はやはり1つの傾向性に基づいているので、道徳的価値を持っているとは判断されない。私的な必然性に基づいての格律は、ときには義務にかなうこともあるが、決して尊敬の対象とはならないのである。

それではカントはどのような行為を義務にかなう行為と考えているのだろうか。
(1) その行為をあらゆる傾向性なしに、もっぱら義務に基づいて実行すること。

そのときこそ、この行為は全く初めてその真正な道徳的価値を持つのである。
(2) 義務に基づく行為はその道徳的価値をその行為によって実現されるはずの意図においてではなく、それにしたがって行為が決定される格律の中に持つ。それゆえ、義務に基づく行為は行為の対象の現実性には依存せず、ただ意欲の原理に依存し、この原理にしたがって、行為が欲求能力のすべての対象を顧慮することなしに行われたのである。──道徳的価値が行為の期待された結果へと関係する意志において成り立つべきではないとすれば、いったい何にこの価値は存在するだろうか。道徳的価値はこのような行為によって実現され得る諸目的とは別に、ただ意志の（形式的）原理の中に存在し、それ以外のところには存在しないのである。つまり善悪は現象界に実現した結果で判断しては、時間空間に支配されることになるのである。
(3) 義務とは法則に対する尊敬に基づく行為の必然性でなければならない。前にも述べたが、人間は理性的存在者であると同時に感性的存在者である。この感性的存在者の部分を取り除くならば、時間空間に支配されない部分、つまり理性的存在者だけが残る。理性的存在者の立法する法則は「実践的法則」と呼ばれ、客観的であり、普遍的である。カントは「ただ法則それ自身の表象のみが、ところでこの表象はもちろんただ理性的存在者の中にのみ存在するものであり、またこの法則の表象が、期待された結果ではなく、意志の規定根拠である限りにおいてであるが、我々が道徳的と呼び、善を形成する」（7－33）という。

カントが『人倫の形而上学の基礎づけ』の第1章の初めで、「善」といい得るのは「善い意志」だけであるといったことが裏付けられたのであるが、格律が普遍的法則を目的とすることが善であることが証明されたと思う。つまり内在する「善」が証明されたのである。しかしこれで普遍的法則の方向性が証明された訳ではない。内在する「善」が「外在」する「善」、つまり超越する「善」を目的としなければならないのである。

我々は日常、善悪を考えながら行動をしているわけではない。自分の行動を反省し善かったとか、悪かったと判断する。しかし今まで述べてきたように、結果から判断すれば、常に経験的であり、その判断の根拠は問う必要がないのであるが、裁判では作為か過失かを問題にすることはよく知られている。カントはまず結果を問うことなく、作為は善いことであるとする。つまり意欲することは、意欲しないことよりも「善い」ことであるとする。その意欲を方向づけるものは経験的であってはならないことは述べてきた。

　カントにおいては経験の根拠は、認識に関わるとき悟性の形式、つまり範疇と感性の形式である時間空間の制約を受けた感覚の諸情報が内容となって、認識、つまり経験が成立するのであるが、善悪に関わるときは理性がその担い手となる。「理性がア・プリオリに道徳的完全性について考察する」のである。この道徳的完全性はもちろん純粋であり、それゆえ理念と呼ばれ、経験的道徳性を根拠づけるものである。また自由な意志を制約するものとして「最上の実践的原理として役立つ」のであるから、尊厳性があるといわれる。この尊厳性は神聖性（Heiligkeit）を本質とするが、しかし道徳的完全性を創造したものが人間であることにはならない。なぜならば、人間は確かに理性的存在者であるが、同時に感性的存在者でもあるからだ。この問題は後に考察することにする。

　人間は感性的存在者として自然法則にしたがうが、理性的存在者として法則の表象にしたがう。法則の表象にしたがうには意志を必要とする。意志は決断を必要とし、決断をするためには理性を必要とする。この意味で「意志とは実践的理性にほかならない」（7−50）。さらにカントはいう。「意志とは理性が傾向性から独立に実践的に必然的なこととして、すなわち善いこととして認めるところのもの（行為）のみを選択する能力である」（7−50）。もちろん意志は主観的ではあるが、客観的法則の表象にしたがうときは「強制（Nötigung）」されるという。つまり、カントの倫理は定言的命法にすべて収斂されると最初に述べたのであるが、それほど単純ではない。

　カントにしたがって概観しよう。

命法には、間接的に「実践的必然性」(7－53) を示す「仮言的 (hypothetisch) 命法」(同上) と直接的に「ある行為を客観的─必然的なものとして」(同上) 示す「定言的 (kategorisch) 命法」(同上) がある。いずれの命法も「善い意志の原理からみて、必然的である行為を規定する範式 (Formel) である」(同上)。仮言的命法は「行為が可能的な意図と、現実的な意図」(同上) に関係するが、前者は「蓋然的 (problematisch) 実践的原理といわれ、後者は実念的 (assertorisch) 実践的原理」(7－54) といわれる。これに対して定言的命法は「客観的─必然的で」あるから、「確然的 (apodiktisch) な実践的原理」(同上) といわれる。仮言的命法は別名「熟練 (Geschicklichkeit) の命法」(同上) とも呼ばれ、怜悧 (Klugheit) を必要とするが、しかし定言的命法は「人倫性 (Sittlichkeit) の命法」(7－56) と呼ばれる。この命法だけが「実践的法則としての内容」(7－61) を持ち、「ア・プリオリな総合的・実践的命題」(同上) である。ここでもう一度定言的命法を想起しよう。「君は (君の) 格律が同時に普遍的法則となることを望むことができるような格律にしたがってのみ行為しなさい」。この命法を義務という視座からみれば、この命法は「君の行為の格律が君の意志によって、あたかも普遍的自然法則となるべきかのように行為せよ (Handle so, als ob die Maxime deiner Handlung durch deinen Willen zum allgemeinen Naturgesetze werden sollte)」(7－63) となる。義務は自分に対する義務、他人に対する義務、完全な義務、不完全な義務とに分類される。

　カントにしたがって考察しよう。
〔自分に対する義務の例〕
　絶望の状態に陥って自殺しようとしている人が、まだ理性を持っており、自分の格律が普遍的自然法則にかなっているかどうか自問したならば、自然法則に反することが理解されよう。したがって、この場合の格律は定言的命法に反するのである。
〔他人に対する義務の例〕
　例えば、返す見込みもないのにお金を借りなければならないとすれば、たと

え義務に反するのではないかと自問する良心を持っていたとしても、この格律も普遍的自然法則にかなっているとは判断されない。

〔完全な義務の例〕

　ある才能のある人が、その才能をなおざりにし、享楽のために自分の人生を送ろうと意欲したとしても、彼は理性的存在者として自分の能力に発展されるべきだと必然的に意志するのであるから、彼の格律もまた普遍的自然法則に反するのである。

〔不完全な義務の例〕

　人々が大変苦労して生きていることを知っているが、自分には何の関わりもないこととし、また他人の幸福も自分と関係ないとする人の格律はある意味で普遍的自然法則にかなう。しかしこのようなことが、どこにおいても原則として普遍的自然法則に妥当すると欲することは不可能である。というのは、彼が他人の愛と同情を必要とする場合、また自然法則によって他人との関係がすべて失われた場合、自分の格律は格律ではなくなるからである。義務とは「すべての理性的存在者に妥当しなければならない」。普遍的自然法則は「ただそれゆえにのみ」、「すべての人間の意志に対する法則でなければならない」。

　以上のように格律はどのような場合でも主観的であり、利己的である。むしろ我々は自分の格律が普遍的自然法則を意図することなく、例外を常に認めようとするのである。これで満足してはならないことはいうまでもない。「すべての理性的存在者にとっての必然的法則とは、理性的存在者の行為を常に、その格律が普遍的法則として役立つべきことを理性的存在者自身が意欲することができるような、そのような格律にしたがって判定する」（7-71）ためにはどうしても形而上学へと移行しなければならないのである。

　完全ではないが、理性的存在者として人間は、自分の意志を法則の表象に適合させ自分の行為を規定できる存在者である。このような自己規定に役立つ法

則は客観的であり、我々はそれを目的（Zweck）とすることができる。しかしこの目的は、意志内容を達成するための手段（Mittel）にすぎない。この手段は主観的意志内容、つまり欲求の根拠となるときは動機（Triebfeder）と呼ばれ、客観的根拠となるときは動因（Bewegungsgrund）と呼ばれる。したがって、動機に基づく目的と動因に基づく目的が存在する。理性的存在者として人間が普遍的法則を根拠とせず、（たとえ客観的であるとはいえ）自分の法則を根拠とする限り、相対的（relativ）であり、仮言的命法の根拠にすぎない。しかしながら感性的存在者としての人間からみるならば、理性的存在者は「そのものの現存在がそれ自身において絶対的価値」を有するのである。カントはいう。「人間および一般にあらゆる理性的存在者はそれ自身における目的として現存する。すなわちそれは単にこのあるいはあの意志にとっての、任意の使用のための手段としてではなく、彼のすべての、自分自身ならびに他の理性的存在者に向けられた行為において常に同時に目的と見なされなければならない」（7-73）のである。ここに1つの実践的命法が成り立つ。つまり「君は君の人格ならびあらゆる他人の人格における人間性を常に同時に目的として使用し、決して単に手段としてのみ使用しないように行為せよ（Handle so, daß du die Menschheit, sowohl in deiner Person als in der Person eines jeden anderen, jederzeit zugleich als Zweck, niemals bloß als Mittel brauchst.)」（7-75）。この命法が第3の実践的原則と呼ばれ、「それぞれの理性的存在者の意志は普遍的に立法する意志である」（7-78）ということを前提としている。普遍的に立法するということは如何なる関心にも基づくことはなく、無条件であり、「自律の原理（Prinzip der Autonomie）」（7-81）と呼ばれ、「他律（Heteronomie）」（同所）の原理から区別される。

　感性的側面を切り捨てた理性的存在者としての人間の自律の目的は明白である。すべての人間が目的とする世界とは、キリスト教徒ならば、天国、仏教徒ならば、極楽、否、成仏することかもしれない。カントがいうには「諸目的の国の概念（der Begriff des Reichs der Zwecke）」である。しかしカントはここではまだこの諸目的の国を消極的に要請しているだけである。目的の国はすべての人

が憧れるということでは「価値（Preis）」を持つことは確かであるし、また理性的存在者の意志が立法する（よりカントにしたがっていうならば、理性的存在者は天国における立法者になり得るから）ということで「尊厳（Würde）」（7－83）を持つのである。まさに「それゆえに、自律は人間的、およびすべての理性的存在者的本性の尊厳の根拠である（Autonomie ist also der Grund der Würde der menschlichen und jeder vernünftigen Natur.）」（7－85）。

以上で格律の根拠が概観されたが、しかし十分ではない。ここで確認のためにまとめてみよう。格律は次のようなものでなければならない。

第1に、
「普遍性の内に存立する形式を持ち、それで人倫的命法の範式は次のように表現される。つまり格律はあたかも普遍的自然法則に妥当すべきであるかのように選択されなければならない」（7－85～86）。

第2に、
「実質、すなわち目的を持ち、その範式は次のようにいう。理性的存在者はその本性上、1つの目的として、つまりそれ自身における目的としてあらゆる格律に対して、すべての単に相対的な恣意的な目的を制限する条件として役立たなければならない」（同上）という。

第3に、
完全な規定を持ち、自己の立法による法則は「諸目的の可能な国に調和すべきで」（同上）ある。格律は普遍的法則となるような格律でなければならないし、その格律の内容としての普遍性は望むことのできるようなものでなければならない。したがって格律は「自分自身を同時に普遍的自然法則として対象に用いることができる格律」（同上）でなければならない。

理性的存在者としての人間の自律の目的は「諸目的の国の概念」であるとした。しかもそれは従来、天国、極楽とどのように違うのかは明白になっていない。解明されなければならないことがまだ数多くある。

以上で格律の考察を終えることにしてまとめよう。

　道徳性（Moralität）とは行為が意志の自律に対する関係、つまり意志の格律による可能な普遍的立法に対する関係である。意志の自律と両立することができる行為は許されたものであり、これと一致しない行為は許されない。その格律が必然的に自律の諸法則と調和している意志は、神聖で絶対的に善い意志である。絶対的に善いとはいえない意志が自律の原理に依存すること（道徳的強制）は拘束性である。それゆえ、拘束性は神聖な存在者には適用され得ない。拘束性に基づいた行為の客観性は義務と呼ばれる（7－90）。

解決されなければならない問題が数多くあるといった。その問題の1つを考察することにしよう。それは意志の自律の問題であり、これは人倫性（Sittlichkeit）の最上の原理とされる。

　「意志の自律は意志の固有性である（Autonomie des Willens ist die Beschaffenheit des Willens）」（7－91）。自律の原理とは「選択の格律がその同じ意欲（Wollen）の内に同時に普遍的法則として含まれている」という原理、つまり簡単にいえば、「意欲されたことはそのようにされるべきである」ということである。一見したところ同語反復のようにみえるが、決してそうではなく、例えば、「神が望んだことは実現されるべきだ」とか「自分の子供のために働きたいということは、働くべきだということである」というような表現に含まれている。確然的に命令する定言的命法は「総合的（synthetisch）であり、ア・プリオリである」。この「総合的であり、ア・プリオリである」ということは『純粋理性批判』でカントが求めたことであるが、純粋数学と論理学または純粋物理学にだけは成立したのであるが、経験を超越しているため、経験界には成立することはできなかった。しかし超越界においては、つまり思弁理性の世界ではカントは成立するというのである。なおこの問題は、また後に考察する。

次に意志の他律、つまり道徳性にとって一切の真正ではない諸原理を考察しよう。

他律とは、意志が自分を規定する際に、普遍的立法に役立てるために格律を使用するということではなく、対象の性質に格律の根拠を求めることである。換言すれば、他律とは現象界の客体が「意志に法則を与える」ことである。したがって仮言的命法を可能ならしめるだけである。他律は定言的命法の根拠となることはないのである。その他律を可能にする原理が2つある。1つは経験的（empirisch）である場合、もう1つは合理的（rational）である場合である。

他律の原理が経験的である場合は、幸福（Glückseligkeit）の原理から生成するものであり、自然的（physisch）もしくは道徳的（moralisch）な感情に基づいている。他方、他律の原理が合理的である場合は、完全性の原理から生成するのであるが、その完全性は2つの完全性があり、1つは理性概念に基づく完全性であり、もう1つは我々の意志の外、つまり神の意志に基づく完全性である。

経験的なものを原理としては道徳的法則が成立しない。というのは道徳的法則はすべての理性的存在者に妥当するものでなければならないし、その法則はある理性的存在者の偶然的状態から引き出されたことを根拠にしては無条件な実践的必然性は存在することができないからである。偶然的状態とは「幸福な人間にする」とか「善い人間にする」とか、また「利口にする」とか「儲けさせる」とか「徳への動機」と「不徳への動機」を同等とすること、また善悪の判断規準を同一化することなどが、他律の成立根拠となる経験的状態をいうのである。

次に他律の原理が合理的である場合は、理性概念に基づく完全性であり、神の意志に基づく完全性であった。前者の完全性は存在論的（ontologisch）概念であり、思弁理性によってのみ論理が展開されるならば、例えば、「道徳性を神の完全な意志から演繹しようとする神学的概念」より優れたものとなるが、我々はどんな手段を利用しても神の完全な意志を理解（直感）することはできないから、循環論（Zirkel im Erklären）に陥る可能性がある。循環論は如何なること

も証明できない。例えば、数字の「1」を定義しようとすると、「1」という概念を用いることなくしては不可能である。このような場合は「同語反復」といって、結果的には如何なることも証明しないのである。
　神の意志に基づく完全性とは、今まで述べたことから、他律の原理であることは明らかである。簡単にいえば、信仰による要請の結果であるから、傾向性に基づいているのである。傾向性に基づいては無条件な実践的必然性を持つことはなく、道徳的法則とは成り得ないのである。このようなことから、カントは定言的命法は「ア・プリオリな原理として絶対的に必然であり」、「純粋な実践的理性の総合的使用が可能である」ことを立証しなければならないとする。そのためには「純粋実践理性批判」が必要であるとするが、そのために「移行」を考察する必要があるとする。

　今までの考察からも理解されることであるが、道徳性を根拠づけるものは意志の自律である。この自律は意志の自由に基づいている。カントは再びこの問題を詳細に考察する。まずカントは「自由の概念が意志の自律を説明するための鍵である（Der Begriff der Freiheit ist der Schlüssel zur Erklärung der Autonomie des Willens）」（7－100）としている。『純粋理性批判』においては、自由は自然法則と二律背反するもので、積極的に評価されるものではなく、ただ想定されたにすぎなかった。しかし道徳との関係においては、積極的なものとされ、自由がなければ道徳法則は存在しないとされる。カントにしたがうことにしよう。
　理性を持たない存在者にとって自然必然性が固有の原因性であるが、しかし実践理性を持っている存在者にとって自由は固有の原因性である。自然必然性に対抗することができる自由は、たとえ実践理性といえども、選択の自由でしかないから、例えば、障害物があるから方向を変えるとか、他人から見て見せ掛けで道徳法則に合致するよう振る舞うとかということでの自由である。このような自由は消極的意味での自由でしかない。道徳的本質を理解するためには積極的意味での自由を必要とする。しかしこの自由は無法則といったものでは

なく、この自由に基づいて格律が成り立ち、この格律は意志が「自己自身を普遍的法則として対象に持つことができる格律以外の如何なる他の格律にしたがって行為しないという原則を表現する」（7-101）のである。したがって「自由な意志と人倫的法則のもとでの意志は同一」（同上）でなければならない。さらに格律、道徳、意志、自由などの概念は別の内容を持つ概念であるから、道徳性の原理は総合的でなければならない。これらのそれぞれが結合され第3の概念が形成される。自由の積極的概念も同じように第3の概念を供給する。この第3の概念が後（P.25〜6）に明らかとなる。

　カントは次に「自由がすべての理性的存在者の意志の固有性として前提されなければならない」（7-102）とする。固有性としての自由から道徳性が導かれなければならない。なぜならば、我々人間は理性的存在者であり、道徳性は理性的存在者にとって法則として役立つものでなければならないからである。感性的存在者のいう自由は消極的自由といわれた。ここでの自由は、理性を持ち意志を賦与された存在者に関わる自由であり、換言すれば、自然法則を超えた自由のもとでのみ行為する存在者に関わる自由であるから、積極的自由といわれ、理念としての自由といわれる。それゆえ、意志を有するすべての理性的存在者に「自由という理念（die Idee der Freiheit）」（同上）は必然的に前提されていなければならない。道徳に関わる理性は実践理性といわれ、または理性的存在者の意志といわれ、「理性自身によって自由なもの」（7-103）と見なされ、「理念としての自由のもとでのみ真に自分自身の意志」（同上）となることができる。こうして実践理性は「自分自身を自分の諸原理の創始者（Urheberin ihrer Prinzipien）」（同上）とするといわれるのである。

　カントはここで方向を変えて、関心（Interesse）を考察する。
　関心（Interesse）という語は、日本語にすれば利害をも意味する。したがってもともと経験的なことを表現する言葉である。前に二律背反に触れたとき、二

律背反は思弁理性によって成立するのでそれぞれの命題は対立する命題によって否定されることがないとした。つまりそれぞれの命題が自己の理論を他の命題に関心を持つことなく展開したはずである。もしそうでなければ、自己の理論は純粋でなくなるはずである。例えば、純粋な論理学はそれ自体で展開し、関心で展開するはずがない。また純粋数学も同じではないだろうか。私の理解によれば、関心という概念はカント哲学の「躓きの石」になるのではないかと予測させるが、カントにしたがって考察を続ける。

　理性的存在者が自己の立法した法則に服従するには関心を必要としないが、しかしここで「必然的に関心を受け取らなければならない（notwendig ein Interesse nehmen müssen）」(7-105)。なぜならばこの法則、つまり命法の原則における「当為（＝～すべきである）はもともと意欲（欲すること）であり（Dieses Sollen ist eigentlich ein Wollen）」(同上)、この意欲が実践的であるならば、「あらゆる理性的存在者に当てはまる」（同上）ことであるからである。当為（Sollen）と意欲（Wollen）が分離する理由は、人間は感性的存在者でもあるゆえに、感性的なものを動機として意欲する場合があるから、行われるであろうことは必ず行われるとは限らないからである。主観的必然性と客観的必然性の間には溝があり、この溝を埋めるためには、少なくとも関心という媒介者を必要とする。関心がこの溝を埋めるとしても、そもそも「法則としての我々の格律の普遍妥当性」(die Allgemeingültigkeit unserer Maxime, als eines Gesetzes＝7-105)といわれるが、しかしながらここでの法則は＜純粋理性の＞という術語が省略されていると見なすべきである。もしそうでないとすれば、格律が即客観的普遍妥当性を有することになるからである。ある箇所では＜純粋理性のすべての格律がもつ普遍妥当性という・・＞(7-124)と述べているが、純粋理性に基づかない格律は主観的である｜を持つ我々の格律が、「なぜ我々の行為を制限する条件でなければならないか」という問い、つまり格律がなぜ自己制限しなければならなかということである。この問いに答えるためには価値、つまり快適さなどというものを遥かに超えた「人格的価値（der persönliche Wert）」(7-106)

が前提されることによって、関心の問題が解決され得るのである。つまり関心は人格性（Persönlichkeit）を目的とすることによって、単に感性的ではなく、純粋なものとなる。我々人間は、感性的存在者でもあるゆえ、感性的状態に無関心でいることができない。それゆえ、逆に感性的状態に関わりのない人格的性質に関心を持たざるを得ないのである。この人格性という理念を媒介することによって、道徳的法則が我々を拘束する力を持つことができるのである。

　ここで方向を変えよう。今まで我々は意志が自由であるとし、道徳的諸法則に服従するといった。つまり「意志の自由と意志の立法した法則に服従することはともに自律である（Freiheit und eigene Gesetzgebung des Willens sind beides Autonomie,）」（7-107）とした。一瞥しただけでは、円環（Zirkel）をなしているように思える。カントにおいて、認識能力には感性、悟性、理性という3つの認識能力があり、我々人間はいずれの世界にも属する。感性は感性界といわれ、悟性は悟性界といわれ、理性は叡知界といわれ、それぞれ独立的に使用されるときがある。感性と悟性は1つと見なし経験界というときもある。この問題をカントは次のようにして解決する。「人間は理性界、したがって叡知界に属する存在者として、自分の意志の原因性を自由の理念のもとにおいてのみ考えるだけである。なぜならば、感性界に属する規定的な諸原因からの独立性こそ自由であるからである。この自由の理念には自律の概念が分離できないような仕方で結び付いていて、この自律の概念には道徳性の普遍的原理が分離できないような仕方で結び付いている。この普遍的原理は理念において理性的存在者のすべての行為の根底に横たわるが、これは自然法則がすべての現象の根底に横たわるのと同じである」（7-110）。道徳は善だけではなく、悪にも関わるはずであるが、カントはここでは悪には触れていない。この問題はもちろん考察されなければならないが、ここでは触れないことにする。

　以上で格律の根拠と道徳法則が十分ではないが明らかになった。最後に定言的命法の根拠とその成立が考察されなければならない。

　理性的存在者は自分が叡知体として、感性界にも悟性界にも属することを知

っている。その理性的存在者は自分の意志を原因として感性界にも悟性界にも顕現させることができる。しかしながら、この理性的存在者の意志に基づく現象は感性界からまた悟性界から理解することはできない。簡単にいえば、個人の内面は外から理解できないのである。「私の行為は純粋意志の自律の原理に完全に適合している」(7-112) としても、他人から見るならば、「私のすべての行為は全く欲求と傾向性の自然法則に、それゆえ自然の他律に適合している」(同上) と理解されるであろう。『純粋理性批判』における認識論によれば、悟性界は感性界の根拠、つまり自然法則の根拠を含み、それゆえ、悟性界は感性界における私の意志にとって立法的に作用するが、叡知界に属する私の理性は感性界と悟性界を支配する。つまり純粋な意志の自律に服従するのであるが、悟性界に属する私からみるならば、命令であり、その命令に服従する行為は義務とされる。叡知界の私が「望む」ことは、悟性および感性界における私にとって、道徳的には「～すべきである」ということである。カントはこのようにいうが、果たして我々は分離した存在であろうか。

　現象するものにとって自然法則は必然である。我々人間も現象するものであるが、その人間が自然法則のみに規定されるものでないことは事実である。したがって自由は必然であり、道徳も必然である。道徳のないところには自由はない。すべてを自然法則が支配し、自然法則が支配するところでは善もなければ、悪もない。あるのはただ自然だけである。我々人間はそのような自然とは離在している。たとえ「我々人間は自然の一部である」としても、「一部である」と意識したときはすでに離在しているのである。ここに人間の悲劇が生ずる。カントの言葉でいえば、「理性の弁証論 (Dialektik der Vernunft)」が生ずる。しかしながらこの弁証論は皮相的なもので、よく吟味するならば、廃棄されるものである。我々人間には自発性がある限り、自由を捨てることはできない。自発性そのものが自由でないとすれば、生命体の進化の過程を否定しなければならなくなる。カントの言葉でいえば、「思弁理性が実践的理性のために障害物

のない通路を開く」(7-116) のである。つまり理念としての自由を想定するのである。人間が理性でもって活動するもの、つまり自由に基づいて活動していると意識される限り、実践的であり、自由を事実とすることによって道徳もまた事実として意識されるのである。

　前にカントの哲学にとって関心は「躓きの石」になるのではないかと述べた(P.23)。ここでもう一度触れる。カントは「人間は現実に道徳的法則に対して関心を抱いており、我々はその関心のための基礎を我々の内に求めて道徳的感情と呼ぶ」(7-121) という。カントは関心という語に注をつけ、「関心とはそれを通じて理性が実践的となるもの、すなわち意志を規定する原因となるものである。それゆえ、我々は理性的存在についてのみ、それが何ものかに関心を抱くといい得る。理性を持たない被造物は感性的な衝動を感じるだけである。理性が行為のために直接的に関心を抱くのは、行為の格律の（立法するという）普遍妥当性が意志の十分な規定根拠である場合だけである。ただこのような関心だけが純粋である。・・しかるに、理性が意志を、・・・主観のある特殊な感情を前提してのみ規定し得る場合は、理性はただ行為に間接的な関心を抱くのみである。・・・行為に対する間接的関心は経験的であり、何ら純粋な理性関心ではない。また理性の論理的関心（理性の諸認識を促進する）は決して直接的ではなく、理性使用の諸意図を前提している」(7-121～122．注)。前にも触れたが、関心とは利害をも意味し、傾向性、性癖などを表す。注で述べているところによれば、「理性が実践的となるもの、すなわち意志を規定する原因となるもの」（同上）であるというが、ここでいう理性とはどんな理性であろうか。カントは『純粋理性批判』で展開した二律背反で思弁理性は、独自の論理で推論を続け前進するのであるが、しかし推論を続ける人間の関心（カントは理性の思弁的関心＝das spekulative Interesse der Vernunftというが）なくしては展開し続けることはできない。もしそうでなければ、諸理念、例えば、絶対的完全性、最も実在的存在者などという理念に至ることができないのである。したが

ってここでいう理性とは純粋理性、思弁理性と呼ばれる理性であろう。また「理性はただ行為に間接的な関心」と「行為に対する間接的関心は経験的であり（この場合は、現象に限定されるから、カントは他律という）、何ら純粋な理性関心」（同上）という表現から、理性とは純粋理性、思弁理性と呼ばれる理性であることが理解される。最後に「理性の論理的関心（理性の諸認識を促進する）は決して直接的ではなく、理性使用の諸意図を前提している」（同上）という表現から、理性は人間から離在するものではなく、理性とは人間が展開させるものであることが理解される。そうであるとするならば、ここに問題が生じる。つまり理性を理論理性、純粋理性、思弁理性、実践理性というように分類する必然性があるのかという問いである。関心を通じて純粋理性が実践理性に変化するとするならば、最初から理性には様々な側面があり、その都度関心によって変化すると言明したほうがよいのではないだろうか。いずれにせよ、この問題はカント哲学を理解するには重要なことであることは確かである。

　今まで何度となく、自由と格律の関係、自由と意志、自由と道徳の関係、理論理性、思弁理性と実践理性の関係などを考察してきた。道徳法則の目的はまだ明らかになっていない。最後にその部分を引用し『人倫の形而上学の基礎づけ』の考察を終えることにする。「諸目的それ自身における（すなわち理性的存在者）普遍的な国のこの荘厳な理想は、もし我々が自由の格律にしたがって、あたかもこの格律が自然の法則であるかのごとく、注意深く振る舞う場合には、我々は構成員としてその国に属することができる」（7－125〜126）ような格律を立法するならば、普遍的道徳法則と一致するのである。

　以上でカントの倫理の考察が完了したわけではない。さらに続けて『実践理性批判』を考察することにする。

第 2 章

『実践理性批判』
(Kritik der praktischen Vernunft)

　序文とはドイツ語でVorredeもしくはEinleitungというが、訳者は苦慮する術語である。Vorredeとは「前もって」読者に語る「断り、前置き」などを意味する術語であり、Einleitungとは「開始、導入、入門、概論、前置き」などを意味する術語である。いずれにせよ両術語は本文に先立つ詞であり、著者の心構えを表現する詞である。そこで私はカントが「序文（Vorrede)」で述べていることの中から、本文を理解するために必要と思われる箇所をいくつか上げることにする。

　カントは「序文」でこの作品が純粋実践理性批判ではなく、実践理性一般の批判であると述べている。この著作は『人倫の形而上学の基礎づけ』の続きでもなく、もちろん、その単純な繰り返しではない。新たなる倫理の考察を意図しており、新たなカント哲学の展開がある。

　この序文の最初でまず我々の注意を引く文がある。それは脚注にある次のような文である。「自由はもちろん道徳的法則の存在根拠（ratio essendi）であるが、道徳的法則は自由の認識根拠（ratio cognoscendi）である」（7-137．注）。この文章をそのまま素直に読むならば、一般にいわれるように、循環論である。しかしカントは自由と道徳の関係が循環論ではないことを主張した。したがって、ここでもう一度確認しておくことが、これからの展開に役立つものと思われる。カントによれば、我々の認識諸能力は、理性、悟性、感性と3分され、それぞれが独自の領域を持つのである。つまり理性界、悟性界、感性界である。

認識（経験）は悟性と感性の一致によって成立する。理性は経験界（悟性界と感性界とで作る）に直接関わることはない。関わるとすれば、常に間接的のみに関わるだけである。理性には経験的な側面と純粋な側面がある。理性の経験的な側面が道徳法則と関わるときは、意志の他律と呼ばれ、理性の純粋な側面（つまり純粋理性とか思弁理性と呼ばれる）が道徳法則と関わるときは、意志の自律と呼ばれた。意志の自律とは理性が自由に立法することを意味するのであるが、立法するその過程が純粋かつ道徳的であるということである。しかしこれは理性の（道徳に対する）関心を前提にしている。このとき理性は実践理性と呼ばれる。これは理性界、つまり叡知界における事柄であって、悟性界、感性界、つまり経験界における事柄ではないから、ここでの関心は純粋な関心と呼ばれる。この純粋な関心を前提として、自由な純粋実践理性、つまり格律としての純粋意志の自律を通じて道徳法則が成立する。これで「自由は道徳的法則の存在根拠である」ということが理解される。また関心という媒介概念を導入することによって、間接的となるが「道徳的法則は自由の認識根拠である」ということも理解されるし、叡知界において立法された道徳法則が経験界にとって命法となり、逆に、もちろん関心という媒介概念を介して、自由から道徳法則の存在が理解されるのである。しかし、もし理性に道徳に対する関心がないとすれば、自由は道徳的に制約されることもないし、結果として道徳法則が成立しないはずである。

　以上で「自由は道徳的法則の存在根拠であるが、道徳的法則は自由の認識根拠である」ということは循環論でないことが理解される。しかし、後半の命題「道徳的法則は自由の認識根拠である」は、カントの関心、つまりキリスト教徒としてのカント自身の傾向を示しているのではないだろうか。つまり「なぜ関心は道徳のみに向かうものであるか」ということである。カントはそのような道徳法則は客観的妥当性を有するというが、その道徳法則はカントの関心、否、カントが幼児期から影響を受けた敬虔主義（Pietismus）の結果であるといえる。この問題は後（結語）に触れることにする。

次の考察の対象は、ヌーメノン（Noumenon）、フェノメン（Phänomen）、エアシャイヌング（Erscheinung）の術語の違いである。前出の２語は、原語がギリシア語で、ヌーメノンはヌース（nous）に由来し、フェノメンはファイネイン（phainein）に由来する。もちろん、原語の意味と全くかけ離れた意味で使用されることはないが、しかしまたギリシア人が用いた意味を持たせて使用するということもない。エアシャイヌングとはドイツ語で一般に「現象」と訳されるが、もともと「隠れているものが顕現する」ことを意味するのである。
　カントにおいてヌーメノンとは、もともと理性が推論したものを描出するが、「本体」（この術語は老荘の思想で使用される術語である）と訳されることが多い。カントにおいて「本体」と、またときには「思惟物」と訳されてまずいことはないのであるが、カント哲学の内容に通じた人には抵抗がないと思われるが、経験論者には「幻覚、幻想、単なる思惟物」を意味するであろう。カントでは「本体」と「思惟物」を可能ならしめるものは、理論理性とか思弁理性といわれるものである。または純粋実践理性ともいわれる。それらは経験界を超えた超越物、つまり理念を可能ならしめるのである。経験界を超えた超越物といっても夢のようなもの、その他構想（想像）力だけに基づくもの、例えばスフィンクス、獅子、ドラゴン、トーテンポールのようなものを考えているのではない。決して我々の外界に顕現しないもの、エアシャイヌング、つまり「現象化」されないものを理念、もしくは本体というのである。現象化されるということは経験界に顕現することであるが、経験とは我々の認識の対象となることであって、もちろん対象と認識の間には溝がある。よい例として、天動説と地動説の溝が挙げられる。我々は日常の経験では天動説の立場を無意識の内で取り入れている。しかし一度意識的に反省すれば、コペルニクスとかガリレイを想起し、正しくは地動説であるという立場になる。カントはもちろんこのようなことを求めているのではない。カントは如何にすれば経験が成立するかということを問題にしているのであって（より正確にいえば、「いかにして先天的総合判断が可能か」ということであった）、つまり如何にすれば認識が成立する

かということを問題にしているのである。ここに現象界と経験界は正確には一体ではないのであるが、我々の主観における経験界は（外界の）客観界としての現象界を包摂することによって、現象界は経験界となるのである。我々の内的な作用がファイネインなのである。我々の内面において結果として成立するのが、ヌーメノンであり、フェノメンである。しかしヌーメノンは現象化されてはならないし、現象化され得ないのである。つまりこのことを最もよく表現するものとして「物自体（Ding an sich）」という概念がある。この概念はカント哲学の中核をなすものであり、この概念なくしてはカント哲学が成り立たないのであるが、しかし我々をアポリアへと導くのである。これに対してフェノメンの一部は現象化され得るし、現象化されなければならないのである。現象化された現象界とは生成消滅の世界である。以上で3者、つまり Noumenon、Phänomen、Erscheinung の違いが、十分ではないが、明らかになったと思う。蛇足であるが、この序文でカントは、自由以外に、神、不死（霊魂）を理念（形而上学の対象）としている。

次にカントが心理学の対象とする欲求能力の概念（Begriff des Begehrungsvermögens）、また快の感情の概念（Begriff des Gefühls der Lust）を考察することにする。欲求と快は切り離すことができないものであることはすぐ理解されるが、果たして心理だけの問題であるかということである。仏教では欲求とは煩悩の結果であり、煩悩を取り除くことができるならば、理想の世界、つまり欲望から解放された世界が実現するという。また古代のギリシアにも快楽主義者といわれる人々がいて、最大の快楽は欲望を捨てることだとした。中国の老子も、インドの仏陀も人間にとって欲望を捨てることが如何に難しいかを述べている。人間の歴史はこの欲望との戦いであったし、また将来においても人間は欲望と戦うであろう。脳生理学の立場からいうならば、新皮質の下にある部分、つまり基底核にあって生命を維持するために最も基本的部分を占めるものとして視床下部があり、我々人間の生理現象のほとんどを支配している。

生命現象は結果として快不快の感情とともに顕現する。欲求と快の感情が心理学の対象であって、哲学の対象でないとすれば、哲学は全く無力なものとなるであろう。欲求は関心として顕現する。前にカントは関心を経験的なものと純粋なものに分類した。関心に純粋なものがあるならば、感情にも純粋感情があるはずである。ここではカントは純粋感情を認めていないが、後で考察するが、特に『判断力批判』でその存在を認めている。

　カントのいう文を引用するとしよう。「生命とは欲求能力の諸法則にしたがって行動する存在者の能力である。欲求能力とは存在者がその表象によってその表象の対象が現実となるための原因としての能力である。快感とは対象または行為と生命の主体的諸条件との一致の表象である。すなわち対象または行為と、表象の客体の現実性に関する表象の原因性の能力（言い換えれば、主体の諸力を客体を実現する行為たらしめる規定力）との一致の表象である」（7－144．注）。カントがいうように、ここでの引用文は経験的であり、心理的であるが、しかし欲望は必ずしも個人的なものとは限らない。カントの時代と現代と比較できるものではない。欲望は社会生活を送るためには強制さえされるのである。つまり（政治的営為が原因となり）経験的であるといって、生得的に強制されるのであるから、単に「主観の欲望である」と無視できるようなものではない。

　カントが序文で述べていることは以上の3点のみに限定されるわけではない。この3点は私がカントの序文に対して気づいたことを述べたにすぎないが、本文の理解に役立つことを願いつつ本文を概観することにする。

　前にカントの倫理は定言的命法に収斂されていて、その裏付けを考察するといった。そのために『人倫の形而上学の基礎づけ』を概観してきた。『実践理性批判』の第1部は、「純粋実践理性の原理論」といわれ、純粋実践理性の分析が行われているが、特に第1章は実際のところは『基礎づけ』の補足である。『基礎づけ』では純粋実践理性の対象がほとんど考察されなかった。それが行われている箇所は第2章である。したがって、この第2章から概観すればよいので

あるが、復習も兼ねて確認することにする。しかしながらできるだけ新しい表現・説明に限定する。

(1) 形式（普遍性という）によって私は傾向性を基礎とする私の格律を制限し、格律に法則の普遍性を与え、格律を純粋な実践的理性に適合せしめたのである。すなわち、ただこの私の格律を制限することからだけ、何か外部的な動機を付け加わえることからではなく、私の自愛（Selbstliebe）の格律をまた他人の幸福にまで拡大しなさいという拘束性（Verbindlichkeit）の概念が生じることができたのである（7-184）。

(2) 理性的存在者の感性的自然一般は経験的に制約された法則のもとに理性的存在者が現存（Existenz）することであり、したがって理性にとって他律である。これに対して同じ理性的存在者の超感性的自然とは、あらゆる経験的条件から独立しており、したがって純粋な理性の自律に属する諸法則に基づいたその現存である。そして、それによって事物の現存在（Dasein）が認識に依存するところの法則は実践的な法則であるから、超感性的自然とは、我々がその概念を自分自身に対して作ることができる限り、純粋な実践的理性の自律のもとにおける自然にほかならない。そしてこの自律の法則は道徳的法則である。それゆえ、道徳的法則は超感性的自然と純粋な悟性界との根本法則である。・・我々は、理性においてのみ認識できる（理性から見て）悟性界を原型的自然（natura archetypa）と呼び、感性界を、それが意志の規定根拠としての原型的自然という理念の可能な結果を含むから、模造された自然（natura ectypa）と呼ぶ（7-196）。

(3) それゆえ、意志が服従しているある自然法則と、意志に服従しているある自然法則との間には違いがあり、前者の法則のもとでは客体（自然）が、意志を規定する表象の原因でなければならないし、後者の法則のもとでは意志が、客体の原因であるべきである。・・そのためにまたこの理性能力は純粋な実践的理性と呼ばれ得る（7-198）。

(4) この仕事にあたって批判は非難されることなしに純粋な実践的法則とその現実性から始めることができるし、またそうしなければならない。そこでこの批判は純粋な実践的法則に対して、それらの直観をではなく、可想（叡知）界（intelligible Welt）におけるそれらの現存在の概念を、つまり自由の概念を基礎におくのである。なぜならば、この自由の概念はただこの実践的法則の可想界における現存在ということのみを意味し、かの諸法則はただ意志の自由に関係してのみ可能であり、必然的である。というのは自由の前提のもとで必然的であり、あるいはその逆に自由はこの法則が実践的要請として必然的であるからである（7-200）。

(5) 自分自身は如何なる保証的根拠をも必要としなかった道徳的法則が単に自由の可能性ばかりではなく、またその現実性をも、この道徳的法則を自分にとって拘束的なものと認識している存在者に即して証明している。

　道徳的法則こそ実際自由による原因性の法則であり、それゆえ超感性的自然の可能性の法則である。それは感性界における事象の、形而上学的法則が感性的自然の因果律の法則であったことと同じである。このように道徳的法則は思弁哲学が未決定のままにしておかざるを得なかった事柄、つまりその概念が思弁哲学においてただ消極的にすぎなかったある原因性に対して法則を規定し、したがってこの原因性の概念に初めて客観的実在性を獲得させるのである（7-202～203）。

(6) しかしながら道徳的法則自体が純粋な理性の原因性である自由の演繹の原理として推論されるとき、・・・それ（道徳法則）は、自分が消極的にのみ思惟されたある1つの（自由の）原因性の可能性、・・・この原因性の可能性は思弁理性には理解されないが、しかしそれにもかかわらず想定される必要があった。(理性は)この（消極的な）原因性に積極的な規定を、つまり意志を規定する・・・理性概念を付け加える。それ（理性）が思弁的に作用しようとするとき、常に常軌を逸して空想的となるのであり、その時初めて客観的となるが、それは実践的に実在性（Realität）を与えることができる。また

道徳的法則は理性の超越的（transzendent）使用を内在的（immanent）使用（経験の分野の内で諸理念によって自ら作用する原因であるという）に変化せしめるということである（7-203）。

(7) 感性界そのものの中にある存在者が持つ原因性の規定は決して無条件であることはできなかった。それにもかかわらず、諸条件のすべての系列にとって必然的に、ある無条件なものが、したがってまた自己を全く自己によって規定する原因性が存在しなければならないのである。それゆえ、絶対的自発性の能力としての自由の理念は、純粋な思弁理性の1つの要求ではなく、この理念の可能性に関していえば、この理性の1つの分析的原則であったのである（7-203～204）。

(8) 意志の概念の中には元来原因性の概念が含まれている。したがって純粋な意志の概念の中には自由を有する原因性の概念が含まれている。すなわちこの原因性は自然法則にもとづいて規定することはできず、・・・。理性の理論的使用のためにではなく、単に理性の実践的使用のためにではあるが、この概念の客観的実在性は純粋な実践的法則においてア・プリオリに、完全に是認されるのである。自由な意志を有する存在者の概念は本体的原因（causa noumenon）の概念である。そしてこの本体的原因の概念が自己矛盾をしないということは確かに次のことによって我々に保証されている。すなわち、原因の概念は全く純粋な悟性から生じたものであり、同時にまた対象一般に関するその客観的実在性の点からみて演繹によって保証され得るのである。・・・。本体的原因は理性の理論的使用に関しては、可能的な、考えられはするけれども空虚な概念である。私が実際この本体的原因の概念を通じて求めていることは、純粋な意志を持つ限りでのある存在者の性質を理論的に知ることではない。・・・。したがってただ原因性の概念を自由の概念と（そしてこの自由の概念と離すことができないことであるが、自由の規定根拠としての道徳的法則と）結合させることで十分である（7-214～215）。

以上の8箇所の引用から気づくことは、循環論の問題である。カントは最初は自由と道徳は循環しないと述べていたのだが、『実践理性批判』の第1部、第1章に至ることによって、カント自身にためらいが感じられなくなっている。つまり関心という媒介概念が消滅し、むしろ積極的に自由と道徳が一体化し、循環論を展開している。カントは自分の哲学を主張し始めたということができる。自然科学の領域では、カント哲学は反論を受けると動揺する箇所もあると考えられるが、道徳哲学では考えられない。

　第2章に入ることによって、格律の対象、つまり普遍的法則の方向が考察される。カントが『人倫の形而上学の基礎づけ』において善といい得るものは意志だけだと述べていたのであるが、しかしよく考えてみるならば、意志そのものが善であるということはない。もし意志そのものが善であるとすれば、快楽主義が想起される。快楽主義者たちは意志、つまり意欲を持たないことが善とされた。最大の幸福は意欲を否定することであった。カントのいう善なる意志とは、意欲を積極的に肯定することであると考えられる。つまり快楽主義者たちと反対の立場を表明するものであると解釈されるべきである。したがって、これから考察しようとする実践理性の対象としての善悪とは次元を別なものとする。
　我々はあることを決断し、行為へと移行させる。その時その行為の結果が許されるものか、また許されないものか判断しなければならない。しかし結果は現象界に顕現するものとすれば、今までにも何回となく述べたことであるが、ケース・バイ・ケースとなり、カントが求めようとするものとはならない。行為に先立って、その行為の善悪が判断しなければならない。カントのいう道徳法則は動機の善悪を問うのである。カントは「行為の道徳的可能性が先行しなければならない」(7-219) という理由はここにある。動機の善悪がなぜ問題にされるかといえば、「意志の法則は意志の規定根拠である（das Gesetz des Willens <ist> der Bestimmungsgrund derselben)」（同上）からである。欲求、行為に関わる理性は実践理性といわれ、その実践理性は「欲求の必然的対象」を善として対

象とし、「嫌悪の必然的対象」を悪として対象化するのである。自律として意志は現象界における客体とその表象によって規定されることがなく、意志の法則を意志の規定根拠とするから、「善あるいは悪は本来人格の行為に関係する」（7－222）ものでなければならない。我々の「行為の仕方、意志の格律、したがって善い人間、あるいは悪い人間として行為するものは人格自身」（同上）なのである。このような善悪は個人だけに関わるものではない。なぜならば、すべての理性的人間にとって「意志の法則は意志の規定根拠である」であるからである。したがって「善（つまり幸福）とはすべての理性的人間にとって欲求能力の対象でなければならないし、悪（つまり不幸）は・・・嫌悪の対象でなければならない」（7－223）のである。「意志の法則は意志の規定根拠である」という命題は万人に共通する原理であり、普遍的なものであるということになる。

　このような普遍的法則は単に個人の「欲求能力の可能的客体を顧慮する」ものではなく、「ア・プリオリな実践的法則であり、・・直接に意志を規定し、この意志に適合する行為はそれ自身において善である。その格律が常にこの法則と適合する意志は端的に、あらゆる点において善であり、すべての善なるものの最上の条件である」（7－225）といわれる法則である。普遍的法則またはア・プリオリな実践的法則といわれるものは道徳法則であるが、その道徳法則にしたがって善とか悪とかを判断する規準は、「自由の範疇（Kategorien der Freiheit）」（7－230）と呼ばれるものである。カントは表にしている。

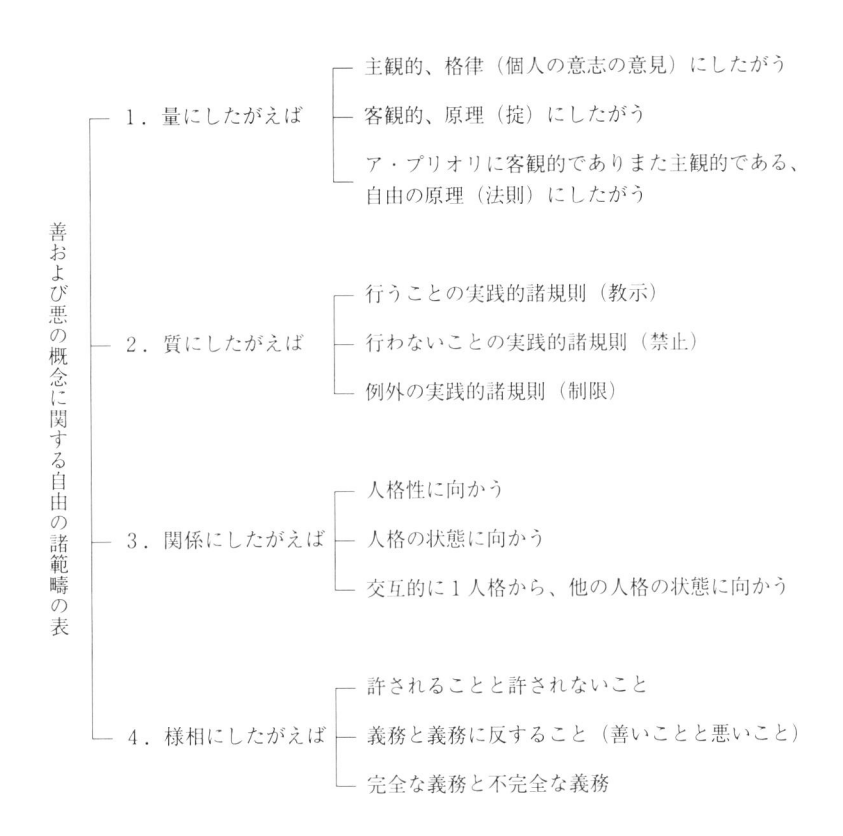

善および悪の概念に関する自由の諸範疇の表

- 1. 量にしたがえば
  - 主観的、格律（個人の意志の意見）にしたがう
  - 客観的、原理（掟）にしたがう
  - ア・プリオリに客観的でありまた主観的である、自由の原理（法則）にしたがう

- 2. 質にしたがえば
  - 行うことの実践的諸規則（教示）
  - 行わないことの実践的諸規則（禁止）
  - 例外の実践的諸規則（制限）

- 3. 関係にしたがえば
  - 人格性に向かう
  - 人格の状態に向かう
  - 交互的に1人格から、他の人格の状態に向かう

- 4. 様相にしたがえば
  - 許されることと許されないこと
  - 義務と義務に反すること（善いことと悪いこと）
  - 完全な義務と不完全な義務

　以上の12個の範疇は、『純粋理性批判』における12個の範疇を想起させる。かの範疇は、簡単にいえば、我々の内的な思惟形式であった。それゆえ、純粋悟性概念とも呼ばれ、経験（認識）を可能ならしめる1つの構成要因であった。ここでの12個の範疇は我々の行為を規定するものであり、個人の「傾向性を顧慮することなくすべての人々に妥当する」（7-232）規準であるため、ア・プリオリな実践的法則といわれるのである。自然科学的認識は理論理性の領域（純粋悟性）での認識である。それに対して実践理性の領域での認識は善悪の認識［カントは「実践的判断力」（7-233）という］である。その善悪の認識は行為

のための認識である。現象界における結果としての行為を規定する、つまり道徳法則は12個の範疇の基づいて自由を規定するのである。

　実践的判断力はすでに意志に与えられている客体の善悪を判断するのである。つまり「一般的（抽象的）にいわれていたことが行為に具体的に適用される」（同上）のである。しかしながらここでの客体は超感性的なものであり、『純粋理性批判』におけるように認識を主題としているわけではないので、直観（または構想力）を助けとすることができない。『純粋理性批判』においては純粋悟性概念が構想力の図式を介して感性界の対象に適用されたのであるが、純粋実践（判断力）理性は意志に関わる理性であるために、「法則の図式」（7－234）に関係し、「可能な行為」を包摂し、行為を「感性界における1つの出来事として可能」（同上）ならしめるのである。しかし悟性を介することなくしては感性界における出来事として如何なるものも顕現しない。もしそうであるとすれば、道徳法則はどのようにして顕現するのであろうか。もちろん道徳法則は顕現しない。顕現するのは道徳法則に基づく行為である。だから自然法則を、形式的にであるが、「判断力のための法則」（7－235）と見なすことができる。カントは自然法則を道徳法則の「範型（Typus）」（同上）と呼んでいる。なぜ自然法則を道徳法則の範型とするかといえば、結果としての行為は必ず自然法則にしたがうからである。カントによれば、自然法則を道徳法則の範型とすることによって実践理性を「経験主義（Empirismus）」（7－237）から救うためである。また実践理性は、「純粋理性がそれ自身で思惟することのできるもの、つまり合法則性だけを取り出す」（7－237）ので、「合理主義（Rationalismus）」と呼ばれ、「道徳法則の純粋さ、崇高さ」（7－238）という点では類似性を有する「神秘主義（Mystiszismus）」からも救われる。ここで12個の範疇が想起される。範疇にしたがって判断する実践理性（判断力）は決して独断に陥ることはないのである。

　以上で格律を構成する実践的判断力が作用する際の仕方が考察されたが、しかしながら純粋実践理性の嚆矢、つまり動機（Triebfeder）が考察されていない。

次にその動機を考察することにする。ここまでですでにカントの倫理に打ちのめされる人がいるかもしれない。ここで奮起してほしい。これから本番である。

　第3章は、次のような文で始まる。「行為のあらゆる道徳的価値の本質は、道徳法則が直接に意志を規定するということである。意志規定は道徳法則に適合して行われるが、しかし如何なる種類であれ、ただ前提されていなければならない感情（Gefühl）を介して行われる」（7-239）。私がこの文章を引用した理由は、「感情」という術語が、──カント哲学にとって「関心」という術語が「躓きの石」になるのではないかと述べたのと同じように、──重要な術語となるからである。「道徳法則が直接に意志を規定する」（同上）のであるが、しかし逆に意志規定が道徳法則を目的として成り立たないとするならば、一面的となりその行為は「適法性（Legalität）」（同上）を含むのであるが、意志規定と道徳法則が相互に作用することによって、否、感情を媒介することによって行為が「道徳性（Moralität）」（同上）を含むのである。
　理性的存在者がある行為を目標にして、たとえ無意識的であったとしても、自分の主観的格律を立てるのであるが、その主観的格律の動機となるものは、意識的に反省すれば道徳的のものであることは理解される。理性的存在者がその格律の主体者であるがゆえに、神を動機の根拠にすることができないのである。そこで「如何なる仕方で道徳法則が動機となるか」（7-240）ということが解明されなければならない。
　感性的衝動、つまり傾向性の根拠は感情である。感情は快不快を本性とする。快不快を本性とすれば、当然なことであるが、「我欲（Selbstsucht＝solipsismus）」（7-241）が規準となる。その我欲には「自愛（Selbstliebe, Eigenliebe）」（同上）と「自負（Eigendünkel）」の2種類があり、前者は「なによりも自分自身に対して好意を寄せるという我欲（philautia）」（同上）であり、後者は「うぬぼれ（arrogantia）」という我欲である。自愛が道徳法則と合致するときは「理性的自愛（vernünftige Selbstliebe）」（同上）と呼ばれるが、道徳法則は自負、つまりう

ぬぼれを受け付けないのである。理性的存在者が理性的自愛の感情を介して道徳法則を「尊敬（Achtung）」する。理性的存在者が尊敬するからこそ、自分の自由が道徳法則によって規定されるのである。

　さらにカントが自愛と呼んでいるものがある。それは「性癖（Hang）」（7－243）という自愛である。それは「選択意志（Willkür）の主観的規定根拠にしたがっている自分自身を意志一般の客観的規定根拠たらしめる」（7－242）のである。しかしこの選択意志は感性的対象を根拠とする。それゆえ、「自己を立法的である」と勘違いするので、自負と呼ばれ、道徳法則との間には「無限の断絶（unendlicher Abbruch）」（7－243）が存在するのである。もし理性的存在者が道徳法則を意識的に把握しているならば、道徳法則は選択意志に基づいての自己立法が勘違いであることを告知する。その告知が積極的であれば、逆に道徳法則は理性的存在者の尊敬の感情の根拠であり、対象となるのである。この尊敬の感情は「道徳的感情（ein moralisches Gefühl）」（7－244）と呼ばれ、主観的には道徳性そのものである。この道徳的感情は望んで起こるものでもないし、望まないから起こらないというものではない。「それゆえ、道徳法則に対する尊敬は唯一の、同時に確かな道徳的動機である」（7－248）。動機は如何なる動機であっても関心なくしては存在し得ない。道徳的動機も道徳的関心を前提にしている。カントはこの道徳的関心を「純粋な実践理性の、感官の束縛されない純粋な関心」（7－250）と呼ぶ。この道徳的関心は単に動機の根拠になるだけではなく、「道徳法則の遵奉」にも関わるのである。この関心は「別名、尊敬という名を有するのである」（7－252）。しかし人間は感性界にも叡知界にも属するため、つまり感性界では人格と呼ばれ、叡知界では人格性と呼ばれ、人格は人格性にしたがうのである。つまり感性的存在者は理性的存在者にしたがうのである。理性的存在者のしたがう道徳法則は、理性的存在者の意志にとって「最も完全な存在者の意志」（7－254）であり、その存在者が神ではないとしても神のような性格を持つであろう。そのような性格は神聖であり、道徳法則は「神聖性の法則（ein Gesetz der Heiligkeit）」（同上）とも呼ばれる。ここで誤解されてならな

いことは神のことを論じているのではなく、あくまでも人間のことを論じているということである。

　以上で第1部の第1篇を終えるが、ここで私が最初にカントにおける倫理が命法、つまり定言的命法に収斂されていると述べたことを想起されるならば、格律の根拠、普遍的法則がすべて考察されたことになる。

　続いて第2篇を考察するが、ここでの考察の対象は「最高善（das höchste Gute）」（7-292）である。しかしこの対象をめぐって弁証論が生じる。

　プラトンにおける二元論は、現象界とイデア界であった。現象界はイデア界の似姿であり、イデア界こそ真の世界であり、イデア界はピラミッドのように階層をなし、頂点にはもろもろのイデアのなかのイデア、つまり善のイデアがあった。この善のイデアは最高善である。我々人間はそのイデアを観照できるように修練し、そのイデアに一歩でも近づくように努力すべきであるというのがプラトンのイデア論である。プラトンの立場からすれば、最高善は純粋実践理性の最高の原理であった。カントはいう。最高善は「純粋な実践理性、つまり純粋な意志の全対象であるとしても、純粋な意志の規定根拠とは考えられない。道徳法則だけが、かの最高善とその実現もしくは促進とを自分の客体とするための根拠と見なされなければならないのである」（7-294）。しかし本当に最高善が純粋な実践理性、つまり純粋な意志を規定しないのであろうか。カントはいう。「もしも最高善の概念のなかに道徳法則が最上の条件としてすでに一緒に含まれているならば、そのときは最高善は単に客体でないばかりではなく、最高善の概念および我々の実践理性によって可能となるところのその現存在（Existenz）の表象が同時に純粋な意志の規定根拠である」（7-295）。この2つの命題を一読すれば、2つの論理が対立していることが理解される。

　人間は古来自分の幸福を望んできた。現在も未来もこの願望は消えることはないであろう。かのソクラテスも自分の使命を若者を教育することだとしたが、ソクラテス自身のことだけを考えるならば、結果を問う必要はない。彼は教育活動をして自分の使命、つまり願望だけを達成していたならば、彼は自分の心

が快さを感じ満足していたであろう。しかし結果を問われるならば、歴史的事実が示すように、死刑の判決を受けた。つまり彼の教育活動が否定されたのである。彼の教育理念、つまり徳は普遍的なものであったかもしれない。しかしアテナイというポリスの徳とは合致するものではないとされた。彼が告訴された理由は、アテナイというポリスが祭る神々を敬うことがないという不敬罪と若者を扇動したという罪であった。私のいいたいことは徳と福との間には越え難き溝があるということである。例えば、自分がある人のために最善を尽くしたとしよう。しかし他人からみるならば、単なる自己満足とみえるかもしれない、否、最善をつくされた人から迷惑であったと思われるかもしれない。このような溝が存在することは確かである。カントのいう最高善とは、このような溝のない徳と福の合致を想定している。

　カントにしたがって概観を続けることにしよう。

　幸福を含まない徳は最上善（das oberste Gut）といわれ、我々が「幸福を獲得しようとする努力の最上の条件（die oberste Bedingung）」（7−296）である。「徳と幸福とが一体になり人格において最高善（das höchste Gut）」（7−297）を形成する。この最高善は「如何にして実践的に可能」（7−299）となるのであろうか。ソクラテスの例にもみられたように、最高善は経験的に導き出されるものではなく、その概念は「超越論（先験）的」（同上）に演繹されなければならない。当然のことであるが、その概念の演繹のためには意志の自由が前提されていなければならないし、その概念をア・プリオリに必然的に「産出（hervorbringen）」（同上）するのである。しかしここで注意しなければならないことがある。つまり「幸福を求める欲求が徳の格律のための動因」（7−301）にならないということと、また「徳の格律が幸福のための作用因」（同上）にもならないということである。いずれにしても「詐取（思い違い）の過誤（Fehler des Erschleichens = vitium subreptionis）」（7−305）をしてはならないのである。そうすれば、次のような結果も理解される。

　実践的原則において道徳性の意識と道徳性を介して期待される幸福とを結び

付けるのが自然的かつ必然的であり、また他方で幸福を獲得するための諸原則が道徳性を生み出すことは不可能である。つまり最高善を形成するものは第1条件として道徳性であり、第2条件として幸福であるが、この幸福は道徳性の必然的帰結である。幸福は道徳性に従属することによって、最高善は必然的に実践理性の可能な客体全体を形成する。形成するといっても、厳密にいえば、要請するのである。後に詳しく考察するが、なぜならば、最高善は最高の理念、つまり理想であるゆえに、現象界に実現するようなものではないからである。最高善の具体的内容は霊魂の不死と神の現存在である。

　霊魂の不死と神の現存在の問題を考察する前に、解決しておかなければならない問題がある。それは思弁理性に対する純粋実践理性の優位の問題である。この問題はカント哲学にとって重要な問題であるが、しかし考えること、つまり哲学することが実践であるという視座に立つ人々の哲学にとっては、実践理性の優位は当然のことである。

　優位とは、ある1つの事物への関心に対して他の事物への関心が従属する限り、前者の関心が上位を占めるということである。「心情（Gemüt）はすべての能力の関心を規定する」（7-310）。しかしその中でも「理性の関心は自分自身を規定する」（同上）のであるが、思弁理性の関心と純粋実践理性の関心は当然違う。前者の関心は「客体の認識をア・プリオリな最高の諸原理にまで至らせることを本質とする」（同上）のであるが、後者の関心は「最後の、完全な目的に関して、意志を規定することを本質とする」（同上）。このように両者いずれの理性も自分自身を拡張することを関心としているのである。しかし思弁理性は自分の洞察から自分に提供した対象だけを考察する。これに対して純粋実践理性は、その関心のゆえに、純粋思弁理性とア・プリオリにかつ必然的に結合し、純粋思弁理性を自分の限界の中に包摂するように努力する。つまり最後の、完全な目的に関して、意志を規定することを本質とするので、関心は他者に向かい、その他者を介して意志を規定するのでなければ、自分と異なる意志を規

定する方法を持たないのである。前にカント哲学にとって、関心は「躓きの石」になるのではないかと述べた。カントはいう。「すべての関心は結局実践的なものであって、思弁理性の関心でさえもただ条件付きのものにすぎず、実践的使用においてのみ完全である」(7－313)。

　純粋実践理性の優位に触れた理由は、霊魂の不死と神の現存在の問題を考察するためである。まず霊魂の不死を考察しよう。
　意志を規定するものとして道徳法則があるとすれば、世界に実現して欲しいものとして意志の必然的目的が想定される。それが最高善である。我々人間の世界においては、意欲と義務とが完全に一致するということはない。つまり望んだこととすべきことが一致するとすれば、望む必要もないし、すべきことも存在しない。もし意欲と義務とが完全に一致するとすれば、それは神のなせる業であろう。そのようなことは我々人間の世界においては生じないから、意欲と義務との完全な一致は神聖と呼ばれる。そのような神聖性がこの現象界にも生じて欲しいと期待し、目的として想定する。しかし我々はこのような神聖性が容易に実現されるものではないことを知っている。したがって神聖性を望む我々人間も、現象に束縛されないようなものを想定する必要がある。それが我々人間の永遠なる現存在、つまり霊魂の不死という人格性である。この人格性を前提することによって最高善が可能となる。「霊魂の不死は道徳法則と不可分に結合されているものとして純粋実践理性の要請である」(7－314)。

　理性的存在者は世界や自然そのものの原因とはなり得ない。幸福は理性的存在者の希望と意志を根拠として成り立つが、しかし自然を無視して成り立つものではない。幸福は自然と意志を規定根拠とすることによって成り立つのである。幸福は最高善の第2の構成要素であった。徳と幸福の間には溝がある。純粋実践理性は「最高善に向かって必然的に努力」し、道徳性と幸福、つまり最高善を実現しようと要請し、努力しなければならない。最高善の世界では意欲

と義務が一致し、神聖であった。したがってここで「自然から区別された、全自然の原因であって、この関連の根拠を、詳しくいえば、幸福と道徳性との完全な一致の根拠を含むものの現存在が要請される」（7－317）のである。この含むものとは自然から区別された、全自然の原因であるから、自然の「創始者（Urheber）」（7－318）である。自然の創始者とはもちろん「神」である。神の現存在が前提されて、最高善が成立する。最高善が、第1の構成要素として徳を含んでおり、その徳は我々には義務として顕現する。義務は過去のものでもなく、将来のものでもない。そうでなければ、私の現存在と何の関係のないものとなるから、神は現存在するものでなければならない。神の現存在を要請することは道徳的にも必然的なのである。これらの一切は理性のなせる業である。それゆえ、カントは「純粋な理性信仰（reiner Vernunftglaube）」（7－319）と呼ぶのである。「道徳法則は純粋実践理性の客体および究極目的としての最高善の概念を通じて、・・・すべての義務は神の命令であるという認識に至る」（7－323）のである。ここでカントは最高善の第2の構成要素である幸福について次のようにいう。「幸福への希望はただ宗教とともに始まる」（7－325）。この文章は後に扱う作品『単なる理性の限界内における宗教』を予想させる。この作品は悪を考察しているので、カントの倫理を考察する場合には欠かすことができない。世界の創造者の最後の目的が最高善であり、そこにおいては神の意志の神聖性に理性的存在者としての我々は一致しなければならない。なぜならば、我々人間は道徳法則の主体であるからである。それゆえ、「我々の人格における人間性は我々自身にとって神聖でなければならない」（7－326）のである。しかしこの問題も『判断力批判』に至って詳細に論じられるのである。

　『実践理性批判』の概観はここで終えるが、私はカントの倫理が定言的命法に収斂されると最初に述べた。またカントの哲学にとって関心は「躓きの石」になるのではないかと何回か述べた。この問題はカント哲学全体に関わる問題であるから、今ここで結論を出すときでもないし、場でもない。それゆえ、もう一度定言的命法を挙げ、今までカントが全く論ずることのなかった「悪」の

問題を考察することにする。

「Handle nur nach derjenige Maxime, durch die du zugleich wollen kannst, daβ sie ein allgemeines Gesetz werde.」

　今までカントは全く「悪」を考察することはなかった。倫理を考察の対象とするならば、「善」だけを考察し、「悪」を考察しないということがあってはならない。カントは「悪」を『単なる理性の限界内における宗教』の中で考察している。

第3章

『単なる理性の限界内における宗教』
(Die Religion innerhalb der Grenzen der bloβen Vernunft) の＜第１篇・第２篇＞

　カントの倫理は厳格主義（Rigorismus）の倫理といわれている。その理由として、例えば、次のよう箇所がある。「人間は、ある部分では道徳的に善であり、同時に他のある部分では悪であるということもありえない。・・・彼は（善の根拠である）道徳法則、――つまり義務一般の遵守にとって唯一の法則であり、普遍的である――、を自らの格律のうちに採用しているのであり、・・・他の点で同時に悪であるような事があるとすれば、これは矛盾である」(9-41)。ここで気づくことは道徳法則と格律との関係であるが、現実は法則ではないにもかかわらず、つまり道徳法則と格律が一体ではなく、そこには越え難き溝があったはずであるが、ここでは完全に消滅しており、カントは道徳法則と格律を一体化している。ここからカントの倫理は厳格主義の倫理といわれるのである。しかし現実に悪は絶えたことはないし、絶えることもないであろうことは誰にでも理解される。果たしてカントのいう倫理観は積極的な価値を持つものであろうか。カントは人間には善への「素質（Anlage）」(9-43) があるという。善の考察から始めることにする。

　人間の本性には次の３つの善への素質がある。
(1)　生物としての人間の動物性の素質
(2)　生物であると同時に理性的な存在者としての人間の人間性の素質
(3)　理性的であると同時に引責能力のある存在者としての人間の人格性の素

質（9-43）

これらの3つの善への素質を考察することにしよう。

(1) 生物としての人間の動物性（Tierheit）の素質

動物性という素質は理性なき機械的な自愛であり、3種類に分類される。第1は保身であり、第2は繁殖と子孫の保護であり、第3は社会性である。これらの素質は善なる側面ばかりではなく、悪徳（Laster）に転ずる可能性がある。例えば、暴飲暴食、淫蕩、野性的無法と呼ばれるものなどである。(9-44)

(2) 生物であると同時に理性的な存在者としての人間の人間性（Menschheit）の素質

人間性という素質は、動物性という自愛とは違う自愛である。この自愛は、他人と比較し、また他人の評価を通じて自分を評価するのであるが、他人の優越性を許さず、何らかの仕方で他人よりも自分の優越性を獲得しようとする。もちろんこれは傾向性である。この自愛は他人との比較によって生じるので「文化の悪徳」に転ずる可能性がある。例えば、嫉妬、忘恩、さらに他人の不幸を喜ぶという悪魔的悪徳（teufliche Laster）と呼ばれるものなどである（9-44～45）。

(3) 理性的であると同時に引責能力のある存在者としての人間の人格性（Persönlichkeit）の素質

人格性という素質は道徳法則に対する条件付きの尊敬の感受性である。条件付きというのは選択意志にとって動機になり得る限りにおいてである。尊敬の感受性とは感情であるが、格律にこの感情を取り込むことによって、自由な選択意志が可能となるので、自由な選択意志そのものとしては善である。尊敬、つまり感情を動機とするのは主観であるが、人格性の1つであるということができる（9-45～46）。

以上の3つの素質は根源的であって、いずれも根絶することはできない。最初の2つの素質は目的に逆らって使用されることもある。しかし第3の素質だけは、実践的であり、無条件に法則を与える理性を持っているので、消極的な

意味で善であるが、善への素質である。

　次に悪への性癖（Hang＝propensio）を考察する。
　悪へ向かうものは素質といわれず、性癖といわれる。これは生得的であるが、素質と異なって、善の場合は獲得されたもの、悪の場合は招かれたものと考えられる。したがって偶然的であり、傾向性（Neigung＝習性的欲望＝concupiscentia）を可能にする主観的根拠である。悪への性癖は自由な選択意志の規定としてのみ可能であるが、その善悪は主観的格律によって判断される。それゆえ、自由な選択意志は「善きまたは悪しき心情」（9－47）と呼ばれ、「この性癖は悪への人間の自然的性癖と呼ばれる」（同上）のである。
　主観的格律によって悪と判断される性癖は3段の階層をなしている。
　第1段階は、格律を貫徹するには人間の心情は気弱であること。
　第2段階は、動機を思い違いすること、つまり道徳的動機と非道徳的動機とを混同するという不純さ。
　第3段階は、主観的格律が悪しきことを格律にするということ、つまり人間の本性には悪性（Bösartigkeit）があるということ（9－48）。
　第1段階の本性の弱さは、意欲はあるが貫徹できないということに表現されている。選択意志によって善が動機であるとしても、格律を維持できない段階をいう。
　第2段階の心情の不純とは、格律が客体に関して善であるが、道徳的ではないということである。多くの場合は、選択意志を規定し義務に向かうのであるが、最初の動機とは違う別の動機を必要とする。つまり純粋な義務から不純な義務に乗り換えるのである。
　第3段階の人間の本性の悪性とは、邪性、歪み、腐敗、堕落と呼ばれ、道徳法則による動機を軽視するという選択意志の性癖に基づくのである。これは倒錯（Verkehrtheit＝perversitas）と呼ばれる。つまり自由な選択意志の動機が道徳的秩序を転倒するのである。倒錯はすべての人間に生得的に存在する。

行儀のよい人と道徳的に善い人は外見的に区別がつかないが、前者には、ときには道徳法則と一致することがあるかもしれないが、しかし道徳法則はない。道徳法則のないところで如何なる格律を立てたとしても、格律が道徳的ではないから悪である。しかしながら後者は道徳法則が現存する。したがって常に道徳的に善なのである。

　すべての人間に生得的に存在する悪への性癖とはどんなものであろうか。性癖は自然的（physisch）であるか、もしくは自然的存在者としての人間の選択意志に属するか、さもなければ道徳的であるか、つまり道徳的存在者としての人間に属するかである。性癖とは道徳的に判定されるものであるから、自然の領域に関わるものではない。したがってあくまでも道徳の領域の問題である。性癖ということで問題にされることは行為の結果ではなく、選択意志の主観的規定根拠の問題である。選択意志は自由を使用するのであるが、その際、自由が適用された結果から性癖が理解される。悪への性癖の結果として「根源的罪（peccatum originarium）」（9－51）と「派生的罪（peccatum derivativum）」（同所）と呼ばれるものがある。前者は叡知的であり、生得であり、時間の制約を受けるものではないから根絶されるものでない。後者は可感的であり、経験的であり、時間の制約を受けるものであるから根絶することは可能である。以上の３つは道徳的悪の源である。さらに悪の考察を続けよう。

　カントによれば、「人間が悪（böse）である」（9－52）という命題は、人間が道徳法則を意識しつつ、その道徳法則に逆らって格律を立てることを意味する。また「人間が生来悪である」（同上）という命題は類概念から演繹されるようなものではなく、ある個人の経験的判定である。それゆえ、たとえ最善の人間に対してであってもこの命題はあてはまる。このような性癖はもちろん主観的根拠に基づいて偶然的であるが、「人間性そのものと折り合う」（同上）。それゆえ、人間本性において根本的であり、生得的である。もしそうでないとすれば、悪は悪として何の普遍性も持たないのである。このような性癖は「悪への自然的性癖」（同上）と呼ばれるのである。しかしながら、自然には悪は存在しな

い。もしそうでないとすると、一面では感性（自然）的存在者である人間は生きていることが悪になることがあるからである。つまり人間以外のただ単に感性（自然）的存在者にすぎない存在者、動物・植物は悪なる存在者になるからである。したがって、被創造物が自然法則にしたがっている限りでは悪と呼ばれないのである。積極的善と呼ばれ得ないとしても悪ではないのである。悪とは道徳的視座を前提することによってのみ成立するのである。

　この悪への性癖は、自由なる存在者、理性的存在者、叡知的存在者、道徳的存在者等と呼ばれる人間の本性に現存するのである。いや、悪は自由を根拠にしてのみ成立するのである。したがって、人間は如何なる手段をもってしても、つまり無意識的にであろうと、過失であろうとも、自由である限り、道徳法則を放棄することはできないのである。しかしながら、自然からどのような刺激を受けるかによって、つまり自然法則から直接的に格律を成立させるか、また自然から間接的に刺激を受けて格律を成立させるかによって違うのである。前者の場合は善であるが、後者の場合は傾向性と結び付くことがあるので、善のときもあるし、悪のときもある。つまり自愛と傾向性とを動機するときは悪が成立するのである。自愛こそ「すべての悪の根源である」（9－70）。しかしここで誤解されてならないことは、自愛即悪ではないということである。というのは我々は道徳法則と自愛とを動機にするのであるが、転倒（Umkehrung）することがあるからである。しかしこの転倒は我々の本性の属することであるから、その責任は我々にあり、道徳的に悪であり、「根源的（radikal）である」（9－58）といわれる。責任が我々にあるといっても自然的性癖であるから、「人間の力によって根絶できる」（同上）ようなものではないが、しかしながら転倒もしくは「倒錯（Verkehrheit）」（同上）と呼ばれるものであるから、また我々には自由があるから、修正できるものである。

　カントはさらに「人間本性における悪の根源」（9－61）の考察を続ける。カントによれば、根源（Ursprung）とは2つの意味、つまり理性的根源と時間的根源の意味がある。前者の理性的根源とは、結果としての現存在が主題化され

ることである。後者の時間的根源とは結果の生成が主題とされ、結果と原因は時間的に結び付けられるが、自由の法則にしたがう選択意志の規定は時間的に先行する状態から導き出されるものではない。つまり選択意志の規定は自由な行為に関わるものであるから、選択意志の規定に時間的根源を求めることはできないのである。

　理性的根源は「選択意志の根源的使用（ein ursprünglicher Gebrauch）」（9－64）と呼ばれ、善悪のどちらの方向に向かうとしてもその責任は自由のうちにある。人間には善への素質が存在すると同時に悪への性癖が存在する。行為の瞬間に引責する能力があるのであるから、時間的根源を問うことはできないが、その理性的根源は問われなければならない。なぜならば、性癖、「格律の内に法則違反を採用する主観的普遍的根拠」（同上）が説明されなければならないからである。性癖、傾向性が自愛と結び付くことによって悪が生成することはすでに何度か述べてきた。残された問題は悪をどのようにして克服するかということである。

　人間は自由な選択意志の結果として善であったり、悪であったりする。もしそうでなければ、人間は自分の行為に責任を取りようがないのである。人間は道徳的にみれば、善であり、「善に向かうように創造されており、人間における根源的素質は善である」（9－69）。しかしながら、どのような格律を立てるかによって善であったり、悪であったりするのである。格律が「善になるか、もしくは一層善となるためには超自然的な協力」（同上）を必要とする。我々人間は善への素質と同時に悪への性癖を常に所有している。したがって「ある善への根源的素質を回復する」（9－71）ということはないのである。回復とは「道徳法則の純粋性の回復」（9－72）であり、格律がこの純粋性を助けとして成立するならば、善の方が優位となり、格律を立てる人間は神聖でないとしても、格律そのものは義務を遵守するという点で「神聖性」（同上）を有するのである。義務を遵守することにおいて熟練している場合は、その決意（Vorsatz）は徳と

呼ばれる。格律はこの徳の協力を得て「合法則的な行為の不動の格律」（同上）となり、この徳は「徐々に獲得される」ものである。つまり習慣と呼ばれるものであり、この習慣を通じて人間は悪徳への性癖から解放され、「法的にではなく、道徳的に善い」（9－73）人間へと変化するのである。このような人間は叡知的面からみれば、有徳な人間であり、義務そのものを動機として「心情における革命（Revolution in der Gesinnung）」（同上）を通じて神聖性という格律へと移行し、「新しい人間」（同上）となることができるのである。

　善なる人間が善に向かって無限に前進する必要がある。なぜならば、理念と現実との間には容易に越えることのできない溝、無限なる溝があり、現象界における人間は無限なる理念に向かって努力しなければならない。人間は善なる存在者であるが、倒錯した人間がいる。つまり悪なる人間もいるように思われる。例えば、格律の根底において腐敗している場合がある。このような人間はどのような仕方で善い人間になるかといえば、それは考え方（Denkungsart）の革命（Revolution）である。この方法は、「道徳的陶冶（moralische Bildung）」（9－74）のためには「人倫の改善（die Besserung der Sitten）」（同上）と比較するならば、はるかに重要である。もしこの考え方の革命を達成できる、いや、本来の姿に復帰できるならば、「義務にかなった行為に対して、ますます大きな尊敬をはらうことができるようになる」（同上）のである。このようにして人間は悪から救われるのであるが、しかしまだ善と悪の葛藤が解決したわけではない。さらなる考察が必要である。

　ここから善の原理と悪の原理の葛藤を考察するが、その前に２つの術語、つまり「怜悧（Klugheit）」（9－87）と愚かさ「(Torheit)」（同上）を定義しておくことにする。なぜならば、この２つの術語は傾向性に関わる理性の属性の１つを表現するものであるからである。

　人間は生得的傾向性を持っている。その傾向性をもし悪であるとすれば、キリスト教のいう原罪ということになり、生まれてきたことが悪であることにな

る。もちろん人間以外の生きものも悪であるということになる。もしそうでなければ、思惟能力を持つ人間だけが原罪を背負っていることになる。したがって傾向性それ自体は善であるとしなければ、キリスト教のいう原罪にしたがって生きる以外には如何なる方法も見いだすことはできないであろう。しかしキリスト教徒ではない人々も生きているし、存在理由を意識することがないにもかかわらず生きている人もいる。しかしながら道徳を意識しない人々であっても、結果として道徳的に生きている。その道徳が経験的なものであっては普遍性を持たないことになるから、法則として成立しないことは今まで何度も述べてきた。傾向性はそれ自体は善ではあるが、しかし道徳的には善といい得るものではないから、我々のできることはせいぜい飼い慣らす（bezähmen）だけである。このことを成し遂げるのが理性の怜悧と呼ばれ、道徳法則に反するものは悪と判定され、何としても根絶されなければならないのであるが、それを行うものが「知恵（Weisheit）」（同上）といわれる。この知恵に対して愚かさは悪徳と呼ばれ、理性が道徳的にこの悪徳を軽蔑し、根絶しようとするのである。

　人間の内における善悪の原理とは「天国と地獄（Himmel und Hölle）」（9－114）である。善の原理を考察しよう。理性的存在者としての人間は理念として人間性を持ち、その人間性は道徳的完全性を持っている。幸福はこの完全性を最高の条件とし、つまり天国とは道徳的完全性の求めるところのものであり、理性的存在者にとって最も幸福な世界である。このような世界は諸理念の総体であり、理想である。もちろんこの世界は理性的存在者が創造したのではなく、むしろ神が創造したのである。ここで逆転が生ずるのである。つまり「理念の方が人間の内にその座を占めた」（9－90）のであり、それゆえ、理性的存在者に義務が生じる。この義務は「人間の普遍的な義務（allgemeine Menschenpflicht）」（同上）である。カントはいう。「生来悪い人間が自ら悪を脱し、神聖性の理想にまで自分を高めると考えるよりも、むしろ理想の方が人間性を採用する」（同上）のである。カントはこのような理想・理念が客観的実在性を有するという。

カントにしたがって概観を続けることにする。理念とは我々人間が創造したものであるかどうかは簡単にいえないが、犬や猫には理念を構想する能力があるとはいえないだろう。もしその能力があるとすれば、意思を伝達できる言葉、否、言葉に代わる手段を何か持ち合わせていなければならないであろう。犬や猫はそのような手段を持っているとはいえないことは事実であろうが、もし神が存在し、我々人間を神の理念を共有するように創造したとするならば、我々人間はそれを如何なる手段をつくしても否定できないであろう。なぜならば、そのような神は信仰の対象であり、信仰を否定するものも信仰であるからであり、理性では否定できないからである。以上のような理由で、理念は我々人間が構想したものであると断言できないのである。

　カントによれば、道徳法則は理性的存在者としての我々人間が立法したものであるから、それは実在性を持ち、我々人間はそれにかなうものであり、かない得るものでなければならない。このような道徳法則は我々人間の選択意志にとって客観的であり、かつ必然的である。このような客観的必然性はもちろん自然法則の客観的必然性とは別種の客観的必然性である。生の自然そのものの必然性は存在しない。存在するものは法則としての自然法則であるから、自然と自然法則を混同してはいけない。自然法則の必然性と道徳法則の必然性は違うのである。自然法則は直接的には悟性のなせる業であり、理性は単に方向づけるにすぎず、理論理性は自分の領域以外には関心を示さないのである。しかし実践理性の関心は、確かに理論理性の関心より広範囲に及ぶが、それは意志規定するためにであって、悟性に方向づけるものではない。実践理性は悟性とは如何なる関係も持たないのである。実践理性は自由・道徳法則にのみ関心を持つのである。したがって、カントにおいては自然法則と道徳法則はそれぞれの客観的必然性を持つのであるが、それぞれの必然性が違うものであり、カントにおいてはその相違が前提されていることが理解されていなければならない。理性的存在者としての人間が構想した理念は神が創出した理念――否、神が創出した理念に適合するようにしか我々人間が考えることができないかもしれな

い——と同じものであるにちがいない。もしそうでないとすると道徳法則は方向を失うことになる。もちろん、そうはいっても我々人間の理念と神の創出した理念が同じものであることは証明しなければならない。カントはそのためには3つの難題があるという。

　我々人間の理念と神の創出した理念が同じものであるならば、その理念を立法したもの（神と人間）は神聖であるが、果たして我々人間が構想した理念が神意にかなうものであるかどうかという問題である。ここに第1の問題が生じる。我々人間は理性的存在者であると同時に感性的存在者であるから、時間空間に制約される。理念は時間空間に制約されない。この問題は次のようにして解決される。神は理性的存在者であり、我々人間も一面では理性的存在者である。この点では神と人間は類似し、立法することにおいては両者ともに神聖である。しかし人間は一面では感性的存在者であるから、人間が構想した理念は、神の創出した理念に適合する可能性を持つにすぎない。もちろん、この可能性は道徳法則に限定されての場合である。つまり人間の側からみるならば、我々人間は神の法則との適合を目指すのであるが、その過程は「善への無限なる進展」（9-98）である。我々人間はこの「善への無限なる進展」の内に可能性が実現するように努力するだけである。

　我々人間が善に向かって努力するのであるが、それが幸福になるという保証はない。つまり第2の問題は「道徳的幸福」（9-99）の問題である。道徳的幸福とは、「自然的状態に関する満足」（同上）を意味する「自然的幸福」（同上）とは異なり、「善において絶えず前進する心情（Gesinnung）の現実性（Wirklichkeit）と持続性（Beharrlichkeit）との保証」（同上）を意味する。我々人間は、すでに何度も述べているように、理性的存在者であると同時に感性的存在者である。それゆえ、我々人間は時間空間に制約される。否、我々の心情の現実性と持続性は翻弄される。つまり「神の国への努力」（同上）は神によって保証されなければ、現実性と持続性は翻弄されるだけではなく、我々は絶望し、道徳的幸福をも失うであろう。

第3の問題とは、「人間が善の道をとった後でさえ、その全行為が神の正義の前で判決を受けるとき、あらゆる人間が非難に値する」（9-105）という「根源悪（der radikale Böse）」（同上）の問題である。根源悪とは「人間は所詮悪からはじまった」（同上）ということであるが、果たして我々人間が原罪を携えて生まれてきたかどうかは私は断言できない。しかしカントにおいては、我々人間が原罪（根源悪に関してカントは「第1篇」を参照しなさいというが、「第1篇」と「第2篇」では違いがある。つまり「第1篇」では根源悪は原罪ではなかった）を携えているからこそ、善に向かって前進しなければならないという前提がある。カントはいう。「我々の内なる原告はむしろ有罪判決を求めるであろう。――それゆえ、ただ恩寵に基づく判決であって、――」。我々人間がどんなに努力しても神の正義を前にしては原罪を知らせられるのである。ただ神の恩寵を自覚させられるのである。

　理性的存在者としての人間は善に向かうが、しかしながら感性的存在者としての人間はときには悪へ向かう。ここに善と悪の葛藤が生じるのであるが、自由と道徳の関係に、つまり「自由は道徳法則の存在根拠であり、道徳法則は自由の認識根拠である」といわれたように、自由の存在を認めるならば、善が悪に勝利するというのがカントの倫理構造である。しかし善と悪の葛藤は、我々人間が存在する限り、存在するのである。つまり善が悪を克服し、神の世界がこの地上に成立するというのではない。思い違いしてはならない。カントはいう。「本来からいえば、悪の原理の征服」（9-120）は不可能であり、「悪の原理は依然として現世の領主」（同上）であるが、しかしこのような悪は「純粋の道徳的善の理念による以外には克服され得ないのである」（9-121）。

　善が悪に勝利し、この地上に神の国が成立するということは理念でしかないが、なぜそのような構造・体系を必要とするのか考察しなければならない。カントが執筆した順序でいえば、『判断力批判』は1790年であり、『宗教』論は1793年である。私はまず『宗教』論を考察した。しかしそれも途中までである。な

ぜならば、カントはその後倫理の方向、つまり目的を考察するのであるが、我々が目的概念を規準にして我々を方向づける必要があるとしているからである。カントによれば、哲学は自然哲学と道徳哲学に二分され、それぞれが目的を持ち、後者の目的が前者の目的を包括するのである。『判断力批判』の中で自然の目的が考察されている。我々人間は自然の中で、否、自然の恩恵を受け、食物連鎖の中で唯一の消費者である。しかしこの考え方は人間が最高の存在者であることを前提にして可能である。人間の肉体を他の存在者のために使用してはいけないという自然法則は存在しない。カントは「自然を道徳的な内的立法および可能的な遂行との関連において我々に合目的的なものとして表象させる」(『判断力批判』8-413)といい、さらにまた「我々は道徳法則およびその客観と関連づけられた、――合目的性の可能性を道徳的立法者でもある、ある世界創造者・統治者なしには全く理解できない」(8-424)とし、哲学が神学へと向かわざるを得ないことを承認している。我々は「あの道徳的目的論および物理的目的論との関連から、神学へと」(8-413)理性を進めなければならないのであるが、カントは「物理的神学はおのずと道徳的神学に先行する」(8-396)と述べているので、それにしたがって物理的目的論から考察することにするが、そのために『判断力批判』における目的論を確認しておく必要がある。

　古代ギリシアのアリストテレスは自然界、特に生物界を理解するために形相と質料を導入し、現実態→可能態→現実態という連鎖は形相と質料を目的かつ手段として、つまり達成された目的は次の目的のために手段となり、最終的には純粋形相に至るという目的論を展開し、否、純粋形相は不動の動者として、自らは動くことなく他者を動かし自己を目的とさせ、自己に近づけようとする。現実態は自己目的を達成し、つまりエンテレケイアの状態にあるのであるが、しかし同時に未来に向かっては可能態であるとした。例えば、チューリップの種を想像してほしい。種は現実態であり、目的に到達しており、未来に向かっては可能態であり、さらにチューリップの花が人間を満足させ、気分をよくし

た人間はそのことによって何か他のことをやり遂げるならば、目的が手段となり、より高次の目的を達成することができる。

　また近世の初期には機械論——つまり個々の個体が関連することなく、それぞれの個体がそれぞれの領域の内で機能しているという説——で、自然界を理解しようとした人々がいた。しかし目的論も機械論も生の自然を理解したのではなく、我々人間が生の自然を理解するために論理を作り、すべてをその中に包摂しようしたのである。否、我々人間は論理をもって自然を理解しなければ、自然を理解できないという限界を持っているということができる。例えば、ゼノンのパラドックスを想起してほしい。ゼノンは生の自然と論理の間には越え難き溝があることを教えている。生物学者は進化論を採り入れることによって大きく実相に近づいた。しかし生物界に目的論が採用されるには、あまりにも多くの問題がある。なぜならば、現在の生物界は自然淘汰の結果であって、目的の結果ではないからである。結果から目的を推論することは、生物間の闘争を否定することになる。現在、生き残っている生物は闘争の結果であり、未来にも生き続けるためには闘争しなければならない。また突然変異は目的ではなく、結果である。しかもその突然変異でよりよく環境に適するようになるのではなく、むしろ逆に環境により適合しなくなることが多いのである。現象としての自然をそのまま理解するということは自然を理解することにはならない。例えば、万物が流転するとすれば、一見自然現象を理解しているように思えるのであるが、個別的には何も理解していない。ただ単に帰納的に総論をいっているにすぎない。この場合でも目的論や機械論と同じように、我々人間はある視座に立っている。我々人間はある視座から自然現象を理解しないということは不可能である。ある視座から理解しなければ、自然現象は理解できないのである。もちろん、視座なしに自然現象を理解しようとした人々がいたし（例えば、ニュートンの「私は仮説を作らない」という命題が想起される）、いるであろうが、しかしこれもまたある視座に立っている。以上のことを前提にしてカントの目的論を概観することにするが、まず「判断力」という術語とはどんな能力であろうか。

第4章

『判断力批判』における目的論的判断力の批判
(Kritik der Urteilskraft) における (Kritik der teleologischen Urteilskraft)

　カントによれば、判断力とは個別を普遍に包摂する能力である。簡単な例を挙げれば、「人間は生物である」という命題が挙げられる。「生物」は類として普遍であり、「人間」は種として個別である。類と種の差は種差と呼ばれる。さらに「白人は人類である」という命題では、「人類」は類であり、「白人」は種である。「私は白人である」という命題では、「白人」は類であり、「私」は種である。以上の命題から理解されることは、類は普遍であり、種は個別である。しかしこの考え方は相対的である。というのは、普遍も個別も比較対象によってその都度変化するからである。このようなことを理解するのが判断力であり、その判断力はある視座に基づいている。もしそうでないとすれば、判断基準を持たないことになり、方向が定まらないことになり、自然現象を首尾一貫して判断できないことになる。カントはこのような判断力を高度な認識能力とする。高度な認識能力とはこのほかに理性と悟性がある。高度な認識能力とは異なる下級の認識能力、つまり意志、意識、感性、構想力などがある。しかし前にも述べたことであるが、それぞれの認識能力が関心を持つといわれるのであるから、果たして認識能力を高度とか、下級とかに分類する必要があるかどうかは疑問である。というのは、現象界においては高度な判断はしばしば最も下級の判断に基づいていることがあるからである。カントにおいては判断力のよって立つ基盤は目的論であるが、その目的論を考察する前に、判断力そのものを考察することにする。

カントは『判断力批判』の初版の序文（一般に『第一序文』といわれる）で、判断力を上級認識能力の1つとしている。上級認識能力にはほかに悟性と理性が挙げられている。悟性とは簡単にいえば、自然に関わる能力であり、理性とは推論能力である。カントはこれら3つの能力を次のように述べている。「思惟能力の体系的表象は3つの部分に分けられる。つまり第1は、普遍的なもの（規則）の認識能力、悟性であり、第2は普遍的なもののもとへ特殊的なものを包摂する能力、判断力であり、第3は普遍的なものを通じて特殊的なものを（諸原理から導出することによって）規定する能力、理性である」（8−480）。先に述べたように、ここで判断力だけを考察する。判断力が成立するためには概念の定義づけが必要である。例えば「四角形は円い三角形である」という命題があるとすると、「四角形」「円い」「三角形」という3つの概念が前もって定義づけされていなければならない。また「クジラは哺乳類である」という命題においても、「哺乳類」と「クジラ」が定義されていなければならない。もしそうでないとすれば、命題の真偽は判定されない。悟性は自然に関わるものを定義づけるのであるが、理性は自然を越えたものを定義づける能力である。したがって判断力は真偽を判定するためには欠くことのできない能力である。ここで蛇足であるが、次のこと、つまり純粋悟性は経験（Erfahrung）に先立つ我々の内的純粋精神現象（Phänomena）に関わるのであって、与えられてある外的な現象（Erscheinung）を定義づけるものではなく、また外的な現象を構成するものでもない。さらに、純粋理性も同じく、外的な現象に関わるものではなく、あくまでも我々の内的精神現象に関わるものである。このことはカント哲学を理解するためには最も基本的なことである。話を元に戻そう。判断力は特殊を普遍に包摂するといっても、その仕方には2通りある。それは規定的判断力（die bestimmende Urteilskraft）と反省的判断力（die reflektierende Urteilskraft）と呼ばれるものである。

 判断力は、ある与えられた表象に関して、その表象によって可能な概念の

ために、ある種の原理にしたがって反省する単なる能力とみなされるか、あるいはその根底に存在するある概念を与えられた経験的表象によって規定する能力とみなされるかのいずれかである。前者の場合は判断力は反省的判断力であり、後者の場合は規定的判断力である。しかし反省（熟慮）するとは、与えられた諸表象を、それらの諸表象によって可能な概念との連関において、他人の認識能力と比較するか、あるいは自分の認識能力と比較するかのいずれかにほかならない。反省的判断力は、判定能力（Beurteilungsvermögen = facultas dijudicandi）とも名づけられているものである。(8－490)

　例を挙げよう。「クジラは哺乳類である」という命題において、「哺乳類」は類であり、普遍的である。「クジラ」は個別（特殊）である。「イルカ」は鯨目である。すなわち、クジラと仲間である。したがって「イルカ」は「哺乳類」である。このような判定は規定的に行われるという。つまりイルカは「与えられた経験的表象」であり、哺乳類は「根底に存在するある概念」であり、「根底に存在するある概念」、「哺乳類」という概念が「イルカ」という表象によって規定される。つまり「哺乳類」という概念に「イルカ」という表象が包含される。したがって「イルカは哺乳類である」という命題が成立するのである。このようなことは規定的判断力によって可能となる。

　次に「神は存在する」という命題を考察してみよう。「神」は「与えられた表象」であるが、しかし判断力には如何なる「経験的表象」も存在しないし、経験的概念も存在しない。したがって判断力は「ある種の原理にしたがって反省する」以外には如何なる方法も持たないのである。つまり「神」は我々の可能な経験（認識）をも超越しているのである。カントにおいては、我々の可能な経験（認識）は、自発的能力としての諸純粋悟性（つまり12個の範疇）による概念（法則）のことであって、この可能な経験（認識）は、受容的能力としての直観による表象の一致によって経験（認識）となるのである。つまり規定的に認識が成立するのである。しかし「神」は直観による表象によって規定され

ることはない。「神」は反省的（発見的）に判定される以外には如何なる方法によっても認識されないのであるが、ここでの認識は経験を越えているから、カントのいう認識（経験）ではなく、つまり「神」は「無制約者」といわれ、経験を超越しているから、信仰の対象として要請されての「神」である。

　もちろん反省なくしては如何なる概念も成立しない。カントの哲学はコペルニクス的転換ということで特徴づけられるが、概念のないところでは如何なる「先天的総合認識」も成立しない。カント哲学の最大の欠陥は「先天的総合認識」を成立させる概念の成立過程に関する考察がないことであるといわれる。つまり最初に基本となる概念の定義づけが不十分であるということである。先の例でいうならば、「哺乳類」といった概念の定義づけが不十分であるということである。したがって、判断力は反省→規定という過程を経ることによって、「イルカは哺乳類である」という命題が成立し、反省→規定→反省という過程を経ることによって、「神は存在する」という命題が成立し、「神」は要請されるのである。以上をまとめると、規定的判断力は演繹的であり、「図式化（schematisieren）」する（8−492. 『純粋理性批判』において、図式とは概念を感性化するためには欠くことのできないものである。純粋図式とは我々の内的時間形式であるが、ここでは深入りしない）のに対して、反省的判断力はより高次の普遍を求めるのであるが、この判断力は「ア・プリオリに自然の技巧（a priori die Technik der Natur）を自分の原理とする」（8−494）。それゆえ、この判断力は「技巧的（technisch）」（同上）であり、「技術的（künstlich）」（同上）であり、「帰納的」であり、「発見的（heuristisch）」（8−484）であるといわれる。

　人が経験的な手続きを経て、特殊的なものから普遍的なものへと上昇していくならば、多様なものの類別化（Klassifikation）が、言い換えるならば、それらのそれぞれがある規定された概念のもとに存在するいくつかの類相互の比較が必要であり、それゆえ、それらの類が共通する徴表にしたがって完全に数えられるならば、すべての類別化の原理をそれ自身の内に含む（したが

つて最高類をなす）概念に到達するまで、それらの類の高次の類のもとに包摂する必要がある。これに反して、人が、完全な区分によって特殊的概念へと下降していくために、普遍的概念から始めるなら、この手続きは、多様なもののある与えられた概念のもとへと種別化（Spezifikation）すると呼ばれ、ここでは最高類から低次の類（下位類または種）へと、さらにその種から下位種へと前進が続けられる。——反省的判断力は、自然がある原理にしたがって自分の先験的諸法則さえも種別化することを前提にしないならば、全自然をその経験的な差異にしたがって類別化することを企てることができないことは明確である（8-494〜495）。

規定的判断力であろうと反省的判断力であろうと、判断力は「多様なものは、類と種とに区分されて、すべて出現する自然形式を比較によって概念（多少とも普遍性を持った）へともたらすことを可能ならしめる」(8-492. 注)のであることは上の引用文で述べた。ここでさらに反省的判断力を考察することにする。なぜならば、『判断力批判』は「ある種の原理」、つまり「目的論」にしたがって「反省する」、つまり反省的判断力をまず考察し、特に『判断力批判』の後半は「目的論」を考察することを中心にしているからである。

カントによれば、「反省的判断力の原理は、自然がそれによって経験的な諸法則にしたがう体系」(8-494) とみなされるものである。つまり上で述べた目的体系であることが理解される。体系は形式であり、論理的である。自然界におけるすべての物質は、それ特有の運動をしている。したがってすべての物質はそれ特有の法則を持つ。すべての物質は差異性にしたがって区分されるならば、運動もまた区分される。運動に関しても次のことが妥当する。つまり特殊（個別）から普遍（高位の類）へと上昇するためには、また普遍から特殊へと下降するためには、判断力は目的体系を原則にしていないならば、類別化する作用も種別化する作用も駆動し得ないのである。つまり自然界はあいかわらず混乱したものであり、もしそうでないとすれば、せいぜい機械論的にしか理解され

ない。カントによれば、自然は目的論的に理解されなければならない。

　次にこのことを考察することにする。

　我々人間は、特に日本人は食物連鎖の中に入ることはなく、最後の消費者である。つまり我々人間は外から食物を採ることによって、生命を維持する。生物は生命を維持するためには理性的思惟活動を必要とはしない。植物であれば、葉緑素があればいいし、人間以外の動物であれば、ミトコンドリアが存在するならば、生命体が維持される。つまりホメオスターシスが維持される（といっても遺伝子の情報は無限に生きられないように限界を設けているようであるが）。人間は言語を手段にして意思疎通できる唯一の存在者であることは事実である。カント風にいえば、悟性と理性を働かせることのできる唯一の存在者である。このような精神活動もまた、外から食物を採ることによって可能である。ここまでの論述から判断するならば、人間は他の動物と同様に唯物的である。例えば、20種類のアミノ酸の側鎖から無数の蛋白質が構成され、高分子からなる蛋白質もあり、数十万から数百万という分子量からなる蛋白質もある。昨年（2001年）の初めヒトゲノムが解読され、今後の生物学の課題は蛋白質（詳しくいえば、分子の構造と働き）の解読であるといわれる。アミノ酸の側鎖はまさに機械的に結合しているように思われる。否、機械的に結合するようにカギ型になっているのである。また遺伝子にしても、メッセンジャーRNAは外見的には機械的にDNAを転写しているように思われる。ホメオスターシスは機械的に維持されているのである。この意味でいうならば、我々人間は機械論ですべて説明されるように思われる。

　しかし我々人間は、上で述べたように、精神活動を持ち、その行為を通じて人間となっている。カントにしたがえば、自分で解決できない問題を自分に問いかけるのである。別な表現をするならば、自分の存在理由を問う存在者である。我々は肉体的（感性的存在者）には時間空間に制約されている。つまり我々の現存在は過去と現在の制約を受け、その制約を前提にして、未来に向かっては可能存在である。可能存在とはいっても方向性がないとすれば、可能存

在は可能存在でなくなる。我々人間に向かうべき方向性を示すものが理念であり、目的である。より低い次元でいうならば、メッセンジャーRNAはDNAを転写した後、スプライシング、つまり有用なものと無用なものを区別する根拠に目的論を想定せざるを得ないのである。その目的論は客観的なものであるかどうかを、カントの目的論を通じて考察することにする。

　カントは『判断力批判』の第２部で目的論を具体的に考察している。まず概要でカントは自然を体系的に理解するためには「自然の客観的合目的性」が必要であるとする。それによると、カントの哲学は我々人間の「自発性の作用」を前提にして成立するという先験的（前にも述べたことであるが、私は経験＝認識に関わる場合はこの訳語を用いている。一般には「超越論的」と訳されている）観念論といわれる。つまり我々人間が主体的に構想し、その構想されたものを自然が規定することによって認識が成立するのである。したがって自然に関していえば、我々は「自然の主観的合目的性」（8－287）をも想定することができる。しかしこの表象は我々の仮象である。なぜならば、自然によって規定されていないからである。自然の主観的合目的性とは内容のない形式としての表象であり、「心の諸力」を「強め楽しませることに役立つ」のであるから「美しい形式」（同上）と呼ばれる。

　しかし自然の主観的合目的性は全く根拠なくして成立したものではない。我々が自然の多様に統一を求めたときに顕現する形式としての表象である。自然界における多様な諸物は、それぞれの目的を達成するための手段として利用しているのであるが、しかしそれを我々は自然の根拠に基づいて認識しているのではなく、我々の「主観的な根拠との類推にしたがって」（8－288）認識しているのである。したがって自然を認識するためには、どうしても客観的合目的性を必要とする［カントは「蓋然的に（problematisch）」といっている］。なぜならば、前に述べたように、機械論だけでは自然の多様性はその存在根拠を持たないことになり、さらに自然界の諸物の相互作用の根拠は成立しないことにな

るからである。ここで注意しなければならないことは、主観的合目的性が客観的合目的性を包括するものではないということである。さらに我々の認識を成立させるために、自然の諸物をその原因から導出する「構成的原理（ein konstitutives Prinzip）」（8-298）とすれば、自然目的という概念は「規定的判断力」（同上）の対象となり、「反省的判断力」（同上）の対象ではなくなる。

　プラトンがアカデメイアの入り口に、幾何学を理解せざる者は入るべからずという看板を立てたといわれる。これの真偽はわからないが、真偽を知る必要もない。我々が紙切れまたは黒板に描く図形は、現象界における近似的図形にすぎない。頭の中の図形こそ純粋な図形であり、現象界には決して顕現しないのである。頭の中の図形は反省的判断力との関係でみるならば、統制的である。現象の世界からみれば、プラトンのイデアと同じように、普遍的であり、客観的である。我々が紙上に正三角形を描こうとしたとき、頭の中の正三角形を原理にして統制的に正三角形を描くのであるが、結果として正三角形はその近似的図形である。カントはこのような合目的性を「知的合目的性（intellektuelle Zweckmäβigkeit）」（8-292）と呼ぶ。しかし頭の中の正三角形を構成的原理にして展開させるならば、正方形を描くこともできるし、立方体の展開図も描くことができる。カントによれば、幾何学は頭の中で展開する学問であるから、純粋空間における学問であり、しかも純粋直観による学問である。哲学とは違う学問である。哲学は悟性と直観、または理性による学問であって、直観だけで成り立つ学問ではない。

　アリストテレスによれば、現実態とは自己目的を達成したエンテレケイアであった。しかし自然界における事物に関して、自己目的を達成しているとか、現実態は可能態を含むとか、エンテレケイアは最終目的に到達しているとかを認識するものは何であろうか。

　カントによれば、「我々が結果を直接的に技術産出物（Kunstprodukt）とみなす」（8-296）場合と、「（結果を）他の可能的な自然存在者の技術にとっての材料にすぎないとみなす」（同上）場合がある。前者における合目的性は「自然存

在者の内的合目的性」(同上) と呼ばれる。後者における合目的性は「(人間にとっての) 有益性 (Nutzbarkeit)、あるいはまた実利性 (Zuträglichkeit)」(同上) を持つことから「相対的」合目的性と呼ばれている。この相対的合目的性は「外的合目的性」(8-299) とも呼ばれている。

　内的目的であれ、外的目的であれ、目的論が考えられるのは有機体化された存在者の根拠に関してである。もちろん現代の物理学・生物学との間に明確な境界があるわけではない。むしろ両者が一体として見なされる部分があるが、単なる理念かもしれないが、それでもなお、両者はそれぞれ独自の領域を有するのである。有機体はまず自然体として、神の創造説 (キリスト教に限定する必要はない)、霊魂論、進化論、機械論、そして目的論等様々な理論をその背景にし、理解されてきたし、また今後も理解されるであろう。

　ある有機体は、食物連鎖の例でも見られるように、自己以外の存在者を手段として、自己の生命を維持し、自己の子孫を繁栄させるのである。しかしこの有機体もまた他の有機的存在者の手段となり、他の有機体の生命を維持し、その有機体の子孫を繁栄させるのである。カントはこのような関係を外的合目的性と呼び、さらに「自然目的 (Naturzweck)」(8-306) という。しかしながら、視座を変えて、この自然目的を諸有機体 (自然) から成り立つ1つの全体として見るならば、自然目的は内的目的となり、我々は自然の根底に、「私が個として有限であるが、しかし類として無限である」というような「内的な自然完全性 (innere Naturvollkommenheit)」(8-308) を認めざるを得ないのである (しかしこれはあくまでも〈哲学的に〉認識しようとする場合に限定されるのであって、生物学の立場からすれば、自然の根底に目的を想定する必要がなく、パラダイムをシフトさせることによって、より正確な認識を獲得すればよいのである)。このように有機的存在者は、内からみても、外からみても、合目的的存在者であり、「自然の有機的な産物は、すべてのものがそこでは目的であるとともに、相互的に手段でもある」(8-310) ということが成立するのである。我々は「自然の目的 (Zweck der Natur)」(8-309) ｛カントはこの術語について〈自然

の目的という表現は、自然科学、および自然科学が自然の諸対象の目的論的判定へと誘う原因を、神の考察と、それゆえ、神学的導出と混同しないために、こうした混乱をすでに十分予防している＞と述べている（8－318）」という概念に客観的実在性を与えざるを得ないのである。このことによって客観的実在性は、我々の反省的判断力にとって統制的原理として働くのである。

　カントによれば、我々が自然を理解する際に根底とするものは機械論と目的論であるが、この両理論は、アンティノミー、つまり二律背反を起こすという。二律背反とは、自分の理論は対立する理論によって論駁されることがないし、また対立する理論を論駁することができないということであった。しかしながら『純粋理性批判』での二律背反、特に「第3アンティノミー」は自然法則と自由とのアンティノミーであったが、カントは結局のところ心情において、自由の存在を承認した。つまり『純粋理性批判』での自由は消極的とされたのであるが、道徳を考察する際には自由は積極的なものとされた。自由なくしては道徳は存在しないとされた。

　それでは、機械論と目的論のアンティノミーとはどのようなものであろうか。

定　立：物質的な諸物のすべての産出は単に機械的な諸法則にしたがって可能である。
反定立：物質的な諸物のいくつかの産出は単に機械的な諸法則にしたがっては可能ではない。（8－326）

　このような原則は判断力が作り出すのではなく、理性の産出物である。つまり理性の二律背反であって、判断力の二律背反ではない。判断力は原則にしたがって判定するだけである。その判定が機械的なときは定立の立場にあり、反定立の立場を、カントは目的論の立場として考えている。前者は物理的または機械的「説明様式（Erklärung）」（8－329）といわれ、後者は目的論的または技

巧的「説明様式」といわれる。カントが注意していることは、「反省的判断力の自律｜(Autonimie)この術語は実践理性の自発性を表現するときに使用されており、一般の判断力の自発性を表現するときには、「自己自律（Heautonomie＝I. Einleitung., 8－518, od., II. Einleitung., 8－47)」という術語が使用されている｜（8－329）と「規定的判断力の他律（Hetenomie)」(同上)を混同しないようにということである。

　私は自然を理解する際に根底にする原理論はいろいろあると思うが、カントによれば、機械論と目的論の2つの理論、つまり「かの（2つの）格率で十分である」（A.320. 私はMaximeという語をここでは「格率」と訳したが、道徳に関するときは「格律」と訳してある）ということである。前に述べたことであるが、カントは機械論を無視しているわけではない。非生命体には機械論を容認しているが、生命体、つまり有機的存在者は目的論で理解されなければならないとしているのである。自然の営為は技巧であり、しかもその技巧は「意図的な技巧（technica intentionalis)」（8－331）と「無意図的な技巧（technica naturalis)」(同上)とに分けられる。前者は目的論に、つまり「特殊な種類の原因性（例えば、人間の意志を原因とする)」(同上)に妥当し、後者は機械論に妥当し、つまり「自然の根底において全く同一」(同上)なのである。しかしながら、自然の技巧といっても、機械論的目的ということも考えられる。つまり機械論を全く承認せず、一切の現象を目的論で表現しようとする立場である。しかしこの場合は自然の外に自然の創造者を想定せざるを得ないのである。つまり神の天地創造説が出てくる。カントはいう。「我々は如何なる仕方でも物質の内に特定の目的関連の原理を求めてはならず、我々にとって、世界原因として至高の悟性による以外には、自然目的としての自然の産物を判定する以外に如何なる他の仕方も残されていない」（8－337）のである。

　自然の技巧といっても、実際のところ我々はそれを理解しているわけではない。むしろ独断的に宣言しているにすぎないのではないか。現代の科学、特に物理学、生物学の発展は目を見張るものがある。しかしなお独断的な場合が多

い。もちろんそれらの学問に携わっている人々は、パラダイムをシフトさせるならば、何ら問題はないというだろうが。カントによれば、「独断的な取り扱いは、規定的判断力にとって合法則的であるが、しかし批判的な取り扱いは、反省的判断力にとって合法則的である」(8-338)。この問題を考察しよう。

　カントにおける「批判」とは、獲得することを意味するが、概念の分析、つまり明晰化を意味し、さらに分析は同時に総合をも意味する。『純粋理性批判』は、経験的ではなく、ア・ポステリオリでもない、純粋かつア・プリオリな総合認識を、したがって概念による認識を求めたことはよく知られている。もちろんここで判断力による認識であるが、果たして理性・悟性と乖離した判断力だけによる認識が存在するかどうかは疑問であるし、また孤立した判断力の自己自律ということが存在するかどうかは疑問である。しかし、この問題はここでは触れないことにして、カントの言い分にしたがうことにする。

　ある概念の客観的実在性が保証されているならば、そこで成り立つ判断力は規定的判断力といわれる。これに対して反省的判断力は格率といわれる自己自律による、つまり発見的・帰納的方法にしたがい普遍的理念を求めるのである。例えば、我々は自然目的という概念を反省的判断力を通じて「統制的」(8-339)に求めるのである。したがって規定的判断力にとって自然目的という概念は「過度（überschwenglich）」(8-340)なものであり、その判断力は到底その概念の客観的実在性を根拠づけるものではない。

　カントは『判断力批判』の§.75の小見出しで「自然の客観的合目的性という概念は反省的判断力のための理性の批判的原理である」としている。この命題をカントにしたがって考察する。「自然のある種の諸物の産出、または総体的自然の産出は、意図にしたがって働くよう自分を規定する原因によってのみ可能である」(8-341)という場合と「私の認識諸能力固有の性質にしたがえば、自然の諸物とそれらの産出の可能性について、私がこの産出のために、意図にしたがって作用するある原因を、つまり悟性という原因性との類比にしたがって、産出的な存在者を案出する以外には判断しようがない」(同上) とい

う場合には違いがあり、カントは次のようにいう。前者の場合、我々は「想定された概念の客観的実在性を立証するように拘束されており」（同上）、その原理は「規定的判断力にとって客観的原理」（同上）である。後者の場合、「理性が私の認識諸能力を、つまり認識諸能力の特有性と、それらの範囲と制限する本質的諸条件に適合しつつ、規定する」（同上）、その原理は「反省的判断力にとっての1つの主観的原則、つまり理性がこの判断力に課するこの判断力の格率である」（8-342）。

　自然に意図があるかどうかは断言できないが、例えば、前にも述べたように、生物学が分子構造をいかに解明したとしても、その構造の形成する原因までは解明できるとは想定されない。もちろん、必要なものだけが、必要とされ、不要なものは捨てられるのではないかという反論が生ずるであろうが、必要なものと不要なものを判定するものは何かという問題は解決されないのである。カントはいう。「（有機体としての）自然の根底に意図という概念をおくことをどうしても必要とする」（同上）。この意図は1つの方向だけを向くというものではなく、あくまでも「格率」的であり、理性の経験的使用にとって「必然的」である。我々が反省的判断力を使用することによって「自然のメカニズム」（同上）の内部に入りこむのであるが、「格率」にしたがって「（有機体としての）自然の多くの法則」（同上）が「発見されるかもしれない」（同上）のである。もちろん自然はすべて有機的とは限らない。しかし運動していない物質は存在しないのであるから、有機体と非有機体の差異は概念的には存在するが、現象界ではその差異は消滅しつつある。自然は意図をもって諸物を産出していると考えざるを得ない。したがって「反省的判断力のあの格率は本質的に必然的である」（同上）。

　自然の意図は格率であるならば、それは形式であり、実質（内容）ではない。形式は目的を条件とすることによって可能となり、偶然的な諸物も根拠を獲得する。自然の合目的的形式、つまり世界全体という概念は、理性ではなく、悟性によって認識される。この概念は「常識にも、哲学者にとっても等しく妥当

する唯一の証明根拠であり、したがって目的論はその諸探究の解明の如何なる完結も神学というものにおいて以外では見いだされないのである」（8-343）。ここでの神学は悟性による神学であり、前に述べた倫理における神学は（実践）理性による神学であった。カントによれば、理性による神学は悟性による神学を包括するのである。私が『宗教』論の考察を中断した理由はまさにここにあった。つまり『判断力批判』の目的論の考察を、『宗教』論に先立って明確にしておく必要があったからである。

　さらに悟性と理性の関係を考察しよう。

　　理性は原理の能力であり、その極端な要求においては無制約的なものへと向かう。これに反して悟性は、常に与えられていなければならないある種の制約のもとでのみ理性に奉仕する。しかし客観的実在性が与えられなければならない悟性の概念なしでは、理性は全く客観的（総合的）に判断することができず、それゆえ、理論的理性としてはそれ自身だけでは、如何なる構成的原理を決して包含せず、単に統制的原理を含むにすぎない。すぐ理解されることは、悟性が伴わないときは、理性は過度なものとなり、なるほど根拠づけられた理念（統制的原理としての）の内で顕現するが、しかし客観的に妥当的な概念の内で顕現しないということである。しかし悟性、つまり理性と歩調を合わせることができないが、しかしなお客観にとっての妥当性のために必要である悟性は、理性のあの理念の妥当性を、——すべての主観に普遍的に制限する（8-346）。

　上の引用文で理性と悟性の違いが理解される。しかしカントによれば、先に述べたように、悟性は「世界全体」を把握するという。「世界全体」とは我々の感性的直観によって把握されるものではないことは明らかである。それでは理性が把握するものであろうか。「理性は無制約的なものに向かう」ものであるから、理性によるものと理解されるが、自然の「世界全体」であるから、理性が

関わるものではない。例えば、カントは「ある絶対的に必然的な存在者という概念はなるほど1つの不可欠な理性理念ではあるが、しかし人間的悟性にとって達成不可能な1つの蓋然的（problematisch）な概念である」（8－348）と述べている。そうすると「世界全体」という概念を何が認識するのであろうか。そこでカントは「普遍的なものから特殊的なもの、つまり個別的なものへと進むのではなく、──自然の多様なものを認識の統一へともたらす」（8－354）認識能力、つまり「直覚的悟性（intuitiver Verstand）」（8－353）を持ち出す。この悟性は『判断力批判』で初めて使用された術語であり、カントの苦肉の策だと思われるが、少なくとも理性と悟性の違い、認識能力としての違いを明確にするものである。またカントは「世界原因としての根源的悟性（ursprünglicher Verstand als Weltursache）」（8－359）という術語をも使用していることからも裏付けられる。悟性に直覚性を付与することによって、自然概念が悟性によって成立すること、つまり世界全体という概念も完全な自然全体という概念も成立することを保証できるのである。悟性は理性の手助けを借りることなく、自然の合目的性を直覚し、判断力の規準とすることができるのである。

　次の段階に進むために、今までの考察を確認する。自然もしくは自然の諸産出物を認識・理解するためには、機械論的説明と目的論的説明があることは前に述べた。確かに機械論的説明なしには自然とその諸産出物を理解できないが、しかし「ある最高の建築技師（最高存在者）」（8－359）がいるとしても、普遍から特殊、つまり「上から下へ」（同上）という過程を我々は認識することはできない。それゆえ、「下から上へ」（同上）と向かう目的論的説明を必要とする。この2つ説明様式はあくまでも形式としての説明様式であって、現象としての自然ではない。自然は形式的であると同時に内容的であり、したがって技巧的である。理性は原則を構築する能力である。その原則は自然の目的原理を見過ごすことのない原則でなければならない。我々の自発性による原則は自然の技巧性と一致しなければならない。したがって、その原則は「格率」的でなければならないし、「発見的」（8－360）でもなければならない。カントは以上をま

とめて、「一方では機械的な導出と、他方では目的論的な導出とに共通なこの原理は、我々がフェノメノンとしての自然の根底におかざるを得ない超感性的なもの（das Übersinnliche）である」（8－362）。最後にはこの「超感性的なもの」を明らかにしなければならないのであるが、しかしそのためには前に解決しなければならない問題がある。

　超感性的なもの（das Übersinnliche）とは文字通りに理解すれば、感性を超えたものであり、感性だけでは理解・認識できないものでり、換言すれば、叡知的なもの（das Intelligibele）となる。一般には叡知的なものとは理性によって構想されたものを意味するが、自然に関しては「直覚的悟性」がその働きを担い、世界全体とか、自然全体という概念（理念）が可能となる。自然の根底に超感性的なものが存在するとすれば、自然の目的を承認することになる。しかしながら、生物学では、自然の根底に進化論を想定することと同じであるが、その進化論も多種多様であり、現在は考古学的にはかなり解明されているのであるが、しかし生物学者たちは自然の根底に超感性的なものを想定することはしない。つまりパラダイムを変更するか、もしくはシフトすることによって解決するのである。否、むしろ生物界は、結果である自然淘汰説によって理解されるのである。例えば、ある生命体が子孫を100パーセント繁殖させることが目的であるとすれば、その子孫が確実に100パーセント繁殖することになるが、しかし自然淘汰にしたがえば、つまり生存競争の結果であるから、100パーセント繁殖することは実際にはない。自然淘汰説によれば、繁殖する子孫が1パーセントでもよいし、0.1パーセントでもよいのである。自然の技巧が目的を根底にして、さらに格率によって、否、闘争の結果もしくは技巧の結果、自己の目的を実現するとすれば、目的論と自然淘汰説とは矛盾することはない。またさらにカントが主張するように、反省的判断力が帰納的であり、技巧的であり、発見的であるならば、自然の現象と我々人間のフェノメノンは合致するのであるから、自然の根底に超感性的なものの存在を想定しても何ら差し支えがないのである。

　以上でカントの自然理解の基礎づけが理解されたものと思うが、しかしなが

ら自然における我々人間の位置、目的の方向、行き先はなお不明である。これらは付録「方法論」で考察されるが、カントの観念論、つまり先験的（超越論的）観念論が展開する。

カントによると、目的論は学問としては「神学」にも「自然科学」にも属さず、「批判」だけに属するという。しかしこのことは、神学と自然科学に目的がないということではなく、それらの学問は目的を批判的に解明することがないと解釈すべきである。もしそうでないとすれば、今までの考察はあらゆる獲得を否定することになる。前にも考察したことであるが、カントは§.82で外的合目的性と内的合目的性をより先へと展開している。繰り返す部分もあるかと思うが、カントにしたがって概観しよう。

外的合目的性とは他者のための「手段として役立つような合目的性」（8－379）であり、この意味ではこの世には無益なものは存在しない。これに対して内的合目的性とは、我々が何のために存在するのか、と問うことができるように、「対象の可能性と結合している」（8－380）合目的性である。ある有機的存在者には内的合目的性が存在し、その目的を達成するための外的合目的性も存在する。したがって両合目的性は「1つの有機化する全体である」（8－380）。

有機的存在者は内外の合目的性の結果として現在存在するのであるが、しかし「創造の究極目的（Endzweck der Schöpfung）」（8－381）といい得るような存在者はいない。例えば、人間は「自然にとって最終目的（ein letzter Zweck）」（同上）ということができるとしても、究極目的ではないのである。前にも述べたことであるが、進化論といえども生物の進化の到達点を明らかにすることはできない。それゆえ、カントが述べているように、次のようにいうことができる。「人間はここ地球上における創造の最終目的である。なぜならば、人間は目的を理解しており、合目的的に形成された諸物の集合を自分の理性によって目的の体系にすることができる地球上の唯一の存在者であるからである」（8－382）。カントがいうように、人間が自然の最終目的とすれば、自然は「諸目的の1つの体系（ein System von Zwecken）」（8－386）を形成しているということができる。

そうすれば、自然は人間が自己の目的のために自然を利用することを承認する。つまり自然は「有用性（Tauglichkeit）」（同上）を介して人間を「幸福（Glückseligkeit）」（同上）にし、「練達性（Geschicklichkeit）」（同上）を介して人間を「陶冶（Kultur）」（同上）するのである。

　我々人間は自然の恩恵を受けることによって幸福を感じるのであるが、しかし他方では、自然は人間にとって有用とは限らない。つまり、自然は人間を破滅させるように働く場合のほうが多い。したがって自然の目的が「人類の幸福をめざしている」（8-388）としても、我々の内なる自然は自然の営為をそのまま受け入れることはできず、何らかの手段を講じて抵抗するのである。そのことによって、人間は、例えば、北極・南極にも、赤道直下にも住むことができる。人間は「悟性を持った、——己れ自身に任意に目的を立てることができる能力を持った地球上の唯一の存在者」（同上）である。人間はよりよい状態を求め、つまり幸福（もちろん自由に根拠をおく幸福ではない）を求めるのである。自然が技巧的であることは前に述べたが、自然が人間も包括するのであるから、自然には練達性も属する。したがって、陶冶（文化）も自然の結果である。自然が1つの目的論的体系であるならば、「人間の使命からみて自然の最終目的である」（同上）ことは確かである。理性的存在者としての人間が有用性を発揮するとき、もちろん次元の差があるであろうが、それが陶冶（文化）である。「それゆえ、陶冶（文化）のみが、人類に関して自然に帰することのできる理由を持つ最終目的であり得る」（8-389）のである。しかしこのことから、人間が究極目的であるとは結論されない。

　それでは自然の究極目的はどのようにしたら期待され得るのであろうか。この目的は感性界では到達されるものではないから、理性の産出物としての理念であることになる。カントによれば、「究極目的とは、自分の可能性の条件として他の如何なるものをも必要としない目的である」（8-392）。この定義づけから究極目的はカントの目的論の最後の課題であり、カントの観念論の頂点であることが理解される。

この究極目的を考察しよう。
　自然をメカニズムとして理解するならば、自然は「盲目的必然性」(8-393)によって支配されていることになる。しかし「目的結合」(同上)が支配していると見なすならば、そこに「意図」を想定せざるを得ない。有機的存在者、特に人間は（カントのいう生産的）悟性かつ理性に基づいた意図をもって自分を制約することができる。もちろん、人間の個人的意図ではなく、類として人間の意図であるということができるので、客観的根拠に基づいているということができる。この客観的根拠の最終根拠を究極目的であるということができる。「究極目的とは、自分の可能性の条件として他の如何なるものをも必要としない目的である」という定義からすれば、究極目的を生の自然の外におかざるを得ない。それは我々人間の産出的悟性もしくは直覚的悟性といわれるものの原因として現存するものとしなければ、自然としての我々の現存在を目的論に包括させることはできないのである。
　自然の諸制約に依存せず、必然的な存在者とは「ヌーメノン」(8-394)としての存在者であり、「超感性的能力（自由）｛ein übersinnliches Vermögen（Freiheit)｝」(同上)を持った存在者である。そのような存在者とは人間を一面的のみに見た場合の理性的存在者としての人間である（カントによれば、人間は理性的存在者であると同時に感性的存在者である）。理性的存在者とは「道徳的存在者」(同上)のことであり、カントは次のようにいう。

　　道徳的存在者としての人間（もしくは世界におけるあらゆる理性的存在者）については、彼が何のために（quem in finem）現存しているかと、もはや問うことができないのである。彼の現存在は最高の目的自身を自分自身の中に持っており、彼ができる限り、この最高の目的に全自然を服従させることができ、少なくともこの最高の目的に逆らって自然の如何なる影響にも服従し、振る舞ってはならない。──しかし世界の諸物が、その現存在からみて他のものに依存する存在者として、目的にしたがって行為するある至高の原因を

必要とするならば、人間は創造の究極目的である。なぜならば、人間が存在しないならば、お互いに従属し合う連鎖は完全には根拠づけられないだろうからである。それゆえ、人間においてのみ、つまり道徳性の主体としての人間においてのみ、目的に関する無制約的立法が見いだされ得るので、この無制約的立法だけが、全自然が目的論的に従属する人間を究極目的とすることができるのである（8-394〜395）。

　論理は事実から遊離し、論理のみで成立することができる。論理といわれるものが、内容を捨象し形式として成立するから普遍的である。カントのいう「権利問題」とはまさにこのことを述べている。目的論も同じである。カントのいう目的論は単なる形式ではなく、信仰がある。学問は形式であるが、しかしその背景には、信仰のない形式は空虚な形式にすぎない。よくいわれることであるが、数学の有用性が問われるとき、それはまさに「空虚な形式」と判断されるからである。同じ形式にすぎないが、法律（実定法）が形式であるからといって、その有用性が懐疑されることはない。
　カントはいう。「証言一般を信じないという格律に身を委ねることは無信仰（ungläubisch）であり、神と不死という２つの理念には、実在性の理論的基礎づけが欠けているので、それらの理性理念の妥当性を否定する人は不信仰である」（8-448）。「格律」「神」「不死」であれ、人間は、対象が何であれ、何かに身を委ねている。仏教のいう「空」もまた身を委ねる対象である。カントは、もちろんルター派の１つ、ピエティスムス（Pietismus）のキリスト教徒であった。カントの時代はもちろん（ルターが95ヵ条の定題を掲げた1517年を中世の終わりとすれば）中世からかなりの年数がたっていたのであるが、キリスト教を抜きにして「哲学する」ということは不可能であった。21世紀の現代でも不可能であるということができるかと思われる。
　ここで躊躇することなく、カントの世界に入ることにしよう。

カントによれば、我々人間は感性的存在者であると同時に叡知的存在者である。我々人間は一方だけで生きているのではなく、同時に両者のもとで生きているのであるが、しかしそこには越えることのできない溝がある。溝があるからこそ経験的独断主義、つまり徹底的懐疑主義に陥ることはないし、また形而上学的独断に陥ることもない。我々の主たる認識能力は、悟性と理性である。自然の根底に目的があるとする認識能力は悟性である。叡知的存在者、つまり理性的存在者が自由と道徳の相互関係で目的を想定する。つまり悟性からみても、理性からみても目的を想定せざるを得ないのである。自然は感性的存在者としての我々人間をも包括する。しかし我々人間は叡知的存在者、つまり理性的存在者として自由を所有し、自然の因果律には包含されない。自然の目的には自然系列の最後のものとして「最終目的」があり、さらにその自然系列をも包含する自由による最後の目的として「究極目的」があった。カントによれば、「最終目的」、つまり「自然の目的に基づいて、自然の至高の原因とその固有性」（8－396）に至る「自然学的神学」（同上）があり、また「自然における理性的存在者の道徳的目的に基づいて、自然の至高の原因とその固有性」（同上）に至る「道徳的神学（倫理的神学）」（同上）がある。この序列にしたがえば、「自然学的神学はおのずと道徳的神学に先行する」（同上）のである。しかし自然学的神学による神を信仰の対象としてしまうならば、我々人間の認識における自発性を否定することになり、悟性と理性による哲学が介入する余地はなくなる。カントはいう。「自然学的神学は１つの誤解された自然学的目的論である」（8－404）。残るは「道徳的神学（倫理的神学）」である。
　次にこの神学を考察しよう。
　『純粋理性批判』において、自由は認識の対象としては自然と対立するものとして「二律背反」を起こすことと、また『実践理性批判』において、自由は我々人間の根底にあり、道徳と円環を起こすことを想起してほしい。前者の自由は消極的自由といわれ、後者の自由は積極的自由といわれた。格律（私は『判断力批判』におけるときは「格率」という語を使用した）は、主観的である

が、しかし我々人間は自由であるゆえ人間であり、自由であるゆえ、格律を立てることは普遍的である。格律を立てるものは理性であるというが、その理性は実践理性といわれ、意志であり、この意志だけは「善」と呼ばれるものであった。この「善なる意志こそ、人間の現存在がそれによってのみ1つの絶対的価値を持つことができ、また世界の現存在がそれとの関連において1つの究極目的を持つことができる」（8-406）のである。ここで問題が生ずる。つまり格律と意志の関係である。格律は我々の自由に基づき、意志は善であるというならば、選択の余地はないではないか、ということである。この問題を解決するためには二元論が想起されなければならない。つまり現象に関わる意志を「選択意志」（Willkür）と呼び、意志（Wille）は純粋化され、積極的自由（つまり超越論的自由＝私は認識、つまり経験に関わるときは「先験的」という語を使用した）と関わるものとされた。

　究極目的とは「善なる意志」の対象であるといっても、別な言い方をするならば、人間が完全に叡知化されたときに生じるものであり、人間が「神」と同じような境地に到達し、人間理性が「神聖」（ここで誤解されてならないことがある。つまり我々人間は叡知体であると同時に感性体であるということである。理性という一面でのみ神と同等になり得るということである。）といわれるとき、顕現するのが「目的の王国」（8-407）である。この目的の王国は福徳が一体となっているから、「目的の道徳的王国」（同上）とも呼ばれる。カントによれば、「この究極目的（つまり目的の王国）は、自由によって可能な、世界における最高善にほかならない」（8-416）のである。このような最高善としての国は、「合目的性の可能性と同時に、道徳的立法者でもある世界創始者・統治者なしでは」（8-424）全く理解されないのである。このような国は、もちろん理念であり、理論的に規定されることはなく、ただ実践的に役立つにすぎないのである。

　以上で『判断力批判』における目的論、つまり我々の判断力を導く目的論の考察を終えて、もう一度『宗教』論の後半の考察に復帰することにしよう。

第 5 章

『単なる理性の限界内における宗教』
(Die Religion innerhalb der Grenzen der bloßen Vernunft) の＜第3篇・第4篇＞

　善悪が相対的なものであるならば、善を考察すれば、対立するものとしての悪も明らかになる。しかしカントにおいてはそのようにならなかった。『実践理性批判』と『判断力批判』はもっぱら善だけを考察した。『宗教』論に至って初めて悪、とくに根源悪が考察された。この作品は4篇から成り立っており、すでに1・2篇は考察された。残りは3篇と4篇である。カントにしたがって考察を続けることにしよう。

　有機体、特に生物に限定するならば、自然淘汰をすることによって進化してきた。自然淘汰による進化は結果から判断されることである。自然の根底に意図つまり目的があると想定されるが、目的から結果に至る過程には、我々の想像を絶する闘争がある。つまり目的が達成される確率は、例えばサンゴの受精の確率、動物の精子と卵子の受精の確率は気の遠くなるような数の中からの受精である。まさに必然性と偶然性の結果である。

　アリストテレスの言葉を待つまでもなく、人間は共同体を形成し、その中で目的を持ち、結果としてその子孫を残してきた。人間は共同体を維持するために法律を設けた。ハンムラビ法典は紀元前16世紀頃作られたといわれる。もちろんこれは実定法であるが、ギリシア語のノモイ（ノモスの複数形）は慣習、風習、自然法等を意味するといわれる。いずれにせよ、法律（倫理）なくしては共同体の運営は成り立たないのである。

　カントの『宗教』論の課題は「悪」を考察することと、「善」がどのようにし

て「悪」を超越するかということであった。第1篇と2篇において、個人の問題としての善悪の問題は考察されたが、社会、つまり共同体（国家）における善悪の問題は考察されていない。人間は一面で個的存在者であり、他方で共同体（国家）的存在者であるから、善悪の問題も共同体（国家）的側面から考察されなければならない。

カントによれば、共同体（国家）は「法律的自然状態」（9-136）にあると同時に、「倫理的自然状態」（同上）にあるが、しかし法律的自然状態は必ずしも適法の状態であるとは限らないし、倫理的自然状態において各人が「自己自身の審判者」（同上）であるとは限らない。つまり各市民（国民）は「徳の法則のもと」（同上）にあるとは限らず、自己の自由を顕現させているとはいえないのである。もし倫理的自然状態において「公の法則」（9-137）が実現されており、「徳の法則」が実現されているならば、「政治的体制」（同上）を問題視する必要はない。なぜならば、そこでは「徳の義務は、・・すべての人間の全体という理想」（同上）を実現しているであろうからである。もちろんこのような共同体（国家）は存在しない。それではこのような共同体（国家）を実現させるためにはどのようにすればよいのであろうか。

ドイツのある詩人が古代ギリシアは理想的な自然状態にあったとして、ギリシアの自然状態を賞賛した。しかし、実際はギリシアの歴史を研究してみると理解されることであるが、戦争は途絶えたことはなかったし、戦争状態をシタ―シスと呼んでいたのである。カントにいう倫理的自然状態とは「徳の諸原理の交戦」（9-138）状態であり、「内的な倫理喪失」（同上）である。もちろんカントはそのような状態を肯定しているわけではない。むしろ人はその状態を脱出し、「個々の人格が自己自身の道徳的完全性」（9-138）を求めて努力する必要があるが、しかしそれだけでは「最高の人倫的善」（9-139）は達成されるものではない。カントのいう「徳の法則にしたがう普遍的共和国」（同上）を達成するためには「最高の人倫的善」の体系の統一が必要であり、またそのためには「最高の人倫的善」の体系の統一を求めることが義務とならなければならな

いし、「より高い道徳的存在者」(9-140)を必要とする。そこでは「不十分な個々人の力」(同上)がまとめられて、ある共同体を達成する作用へと向けられていなければならない。

そのような共同体は求められる共同体であるが、しかし逆にその共同体の立法者による法律は、共同体を求める者にとっては「命令」(同上)と見なされなければならない。そのために立法者には原則が必要である。その原則とは「各人の自由を、それがある普遍的法則にしたがって他の各人の自由と両立し得るという条件のもとに制約する」(同上)ものでなければならない。もちろんこのような共同体(「倫理的公共体」といわれる)の法律は「適法性」(9-141)を求めるものではなく、「道徳性を促進することを目標とする」(同上)のである。この立法者の法律は構成員には「真の義務」(同上)と見なされ、「命令として表象されなければならない」(同上)。しかし立法者は「各人の心術の奥底を見抜き、どの公共体においてもそうでなければならないように、各人に彼の所行に値するものを帰せしめるために、人心を察知する者でなければならない」(同上)。しかしこのようなことをできる者は「神」しかいない。そこでの臣民は「神の民(Volk Gottes)」(同上)と呼ばれ、「徳の法則にしたがう民」(同上)とも呼ばれる。カントによれば、「神の民」であることを実感できるのは「教会」という場である。しかし「神の民」とは理念にすぎない。したがってそのような教会は現実には存在しないから、「見えざる教会(unsichtbar Kirche)」(9-141)と呼ばれる教会である。

それではカントのいう教会とはどのようなものであろうか。簡単にまとめよう。
(1) 教会の量：普遍的である。数的に1つであること。分裂していてはならない。
(2) 教会の性質：純粋性、つまり道徳的動機だけによる。
(3) 教会の関係：内的にも外的にも自由である。
(4) 教会の様相：諸原則を教会そのものの内にア・プリオリに含んでいる。

(9-144〜145)

第 5 章　『単なる理性の限界内における宗教』の＜第 3 篇・第 4 篇＞　87

　もしこのような教会が存在するとすれば、そのような教会は「普遍的教会（eine allgemeine Kirche）」（9－146）と呼ばれ、「理性」による「純粋な宗教信仰」（同上）だけがその基盤になり得るのであるが、しかし理性と信仰がどのようにして結び付くのであろうか。中世の神学者たちがいったように、「不合理であるがゆえに信じる」といった方が、私はむしろ一貫すると思う。というのは、我々人間は時間的には矛盾した存在者であるからである。カントにしたがって考察を続けよう。「理性信仰（Vernunftglaube）」（同上）は時間空間に制約されることはないが、しかし「歴史的信仰（historischer Glaube）」（同上）の知らせは時間空間に制約されるから普遍的であり得ない。理性信仰は純粋で道徳的であるが、臣民（信徒）の立場からすれば、「神に奉仕する宗教」（同上）ということになる。なぜならば、もしそうでないとするならば、臣民（信徒）は「自分自身から自分自身の理性によって自分の宗教の根底にある神の意志を認識する」（9－147）ことにはならないからである。このように理性信仰に基づく宗教は普遍性を持つが、歴史的信仰に基づく宗教は「個別的妥当性」（9－162）を持つにすぎない。なぜならば、伝達される出来事は「伝達された人々に対する妥当性」（同上）を持つにすぎないからである。
　次に理性信仰と歴史的信仰はどのような関係にあるかを考察しよう。
　信徒の功徳（贖罪をも含めて）の判断は教会が行う。その基準は信仰の度合いによるとするならば、理性的人間は戸惑いを感じるであろう。例えば、信仰によって「罪責が抹殺される」（9－164）とすれば、「理性に弁明を与える必要がない」（同所）。理性的人間は自分にも贖罪を望みながらも、自分の行状が改善され、「一層高次の功徳」（9－165）が与えられることを希望する。カントは次のようにまとめている。「一層高次の功徳についての歴史的認識は教会信仰に属し、行状の改善はその条件として純粋な道徳的信仰に属するとすれば、道徳的信仰が教会信仰に先立たなければならない」（同上）。
　しかしある人間が生来腐敗している思っているならば、その人間は悪の原理に支配されている。その人間は善を知らないということはない。何とかして

「自分が神意にかなう新しい人間になろうとする」（9-165）。これは矛盾であるが、理論的に解決できることではない。神意にかなうようになるためには、理念が必要である。その理念は「道徳的理性理念」（9-167）と呼ばれ、「手本としてだけではなく、動機としても役立つ」（同上）のである。カントはこの信仰を「合理的信仰」（同上）と呼んでいる。合理的信仰とは理性による信仰であり、「純粋な理性宗教が究極において一切を支配するようになるというのは、我々の内にある自然的ならびに道徳的な素質の必然的結果であり、この道徳的素質はあらゆる宗教の基礎である」（9-170）。理性信仰は歴史的信仰の基盤になっていなければ、信仰は普遍的とはならないのである。

　次に善が次第に樹立される過程を考察しよう。

　カントによれば、ユダヤ教は、「その他の民族、しかも未開な民族と同様に」（9-177）、「規約的（statutarisch）な法の総体」（9-175）である。つまり宗教は国家を維持するための宗教である。換言すれば、「国家体制は神政政治（Theokratie）を基礎として」（9-176）成り立つのである。そのような国家体制での宗教は命令で成り立っている。つまりその命令は外からの命令であり、例えば、モーゼの「十戒（die zehn Gebote）」（同上）といえども、なるほど「倫理的命令として妥当する」（同上）が、しかし命令を受ける者の内面的「道徳的心情（die moralische Gesinnung）」（同上）を必要としないのである。このような宗教においては、「善」は最初から確立しており、「最初に金の時代があり、次に銀の時代、次に銅の時代あり、いまは鉄の時代である」といった思想と同じである。カントはこのような思想とは対立するものであり、ルター派に属し、内面を重要視する、未来に期待するキリスト教徒であった。カントが自分の心情を吐露している箇所を引用しよう。

　　普遍的教会は自分自身を神の倫理的国家へと形成し始め、あらゆる人間と時代とにとって同一である確固とした原理にしたがって、この国の完成をめざして前進し始める。——この歴史が神に奉仕する宗教信仰と道徳的宗教信

仰との間の絶えざる戦いの物語にほかならないということ、また人間は常に歴史信仰としての前者を上位におく傾向があるが、また他方で後者は魂を改善する唯一の信仰である自分に属する優越感を決して放棄しなかったし、間違いなく最後までそれを主張するであろう（9－174）。

これでカントのいう善が確立したわけではない。考察はさらに続く。私は理性と信仰が結び付くことはないと前に述べた。もし結び付くとすれば、理性以外のところで信仰を前提している。理性を最大限に使用し、自分の信仰の対象に迫るということはあり得るであろう。しかし理性では捉えきれないものが残るからこそ宗教なのである。このことはカントも認めている。宗教には必ず「各個人によって知られることができるが、しかしながら公的には知られ得ない、つまり普遍的に伝達できない何かある神聖なもの（etwas Heilige）」（9－191）が存在する。それは「秘密（Geheimnis）」（同上）と呼ばれる。もちろん秘密といわれるからには、それなりの理由がある。つまり実践理性の対象として存在するのである。カントによれば、「普遍的な真の宗教信仰は、①全能な天地創造者としての、つまり道徳的には神聖な立法者としての神に対する信仰であり、②人類の維持者、人類の慈悲深い統治者にして道徳的扶養者としての神に対する信仰であり、③自己自身の神聖な法則の管理者、つまり公正な審判者としての神に対する信仰である」（9－194～195）。このように主張するカントは「神聖な秘密」が3種あるという。

3種の秘密とは、「召命（Berufung）」（9－198）、「贖罪（Genugtuung）」（9－199）、「選択（Erwählung）」（9－199～200）である。この3種の秘密を概観しよう。
(1)　召命の秘密。我々が神の被造物であることを自覚することによって、神的法則に無条件に服従することができる。同時に神が自然物の創造者（Schöpfer）であり、自然法則の創始者（Urheber）であることが承認される。しかし我々は創造された自然から神の自由を知ることができない。むしろ神は道徳的で自由な法則にしたがって、つまり我々が神的国家へと召命されることによっ

て承認されのであるが、我々にはこの召命は全くの秘密である。
(2) 贖罪の秘密。前にも述べたように、カントによれば、我々人間は感性的存在者であると同時に理性（叡知）的存在者である。感性的存在者である限り、悪から逃れることはできないことを知っている。したがって我々が神聖な法則にかなっていないことを自覚している。しかしながら理性（叡知）的存在者でもあることを自覚している。このような人間を天国の一員として招くにはそれなりの理由があり、神が神聖性を介して我々人間を補ってくれるに違いない。このような贖罪は「道徳的意図」（9-199）においてのみ必要である。
(3) 選択の秘密。贖罪を道徳的立場から承認することは、意志を善に向かうように規定することである。人間は感性的存在者である限り、悪から逃れることはできないことを知っているから、神の意思にかなう心情を前提にしている。我々には自発性があるといっても、神の意思にかなう心情を作り出すことはできない。したがって「人類の一部は祝福され、一部は永遠の刑罰へと選択される」（9-200）のである。このような神の選択に関しては如何なる概念も与えられていない。したがって我々人間には秘密なのである。

我々人間は、断言できることではないが、善の方向へ行こうとも、悪の方向へ行こうとも、自分の歩んでいる方向を知っている。否、反省することによって意識化されることかもしれない。如何なる理由をつけても、悪の方向へ望んで行く者はいないであろう。しかし善の方向へは人間は望んで行くであろう。

カントは3種の秘密を考察したあとで次のようにいう。

　　人間が道徳法則によって善い品行へと導かれていること、人間は自分の内に打ち消しがたい道徳法則への尊敬の念によって、この善い霊魂に対する信頼と、どんな出来事が生じてもこの霊魂を満足させることができるという希望とを自己の内に見いだすということ、最後に人間は後者の期待と前者の命令とを関連させながら、自己を審判者を前にして釈明を求められる者とし

て絶えず吟味しなければならないということ、こうしたことについては、理性と心情と良心とが同時にこのことを教え、かつまたそこへと人を駆り立てるのである（9−201〜202）。

以上で「第3篇」の概観を終えて、『単なる理性の限界内における宗教』の最後、つまり「第4篇」を概観することにする。この「第4篇」は、「善の原理の支配下における奉仕と偽奉仕について、もしくは宗教と僧職制について」（9−209）という小見出しが付けられているが、この著作がカントの晩年（1793、増補版は1794）に出版されたことは直接に関係ないと思うが、私が理解する限りでは、キリスト教を礼賛しているように思われる。
　そこで私はカントがキリスト教をどのように見ていたかという点にのみ焦点を当てる。

　神の国、つまり教会の原則が公になりはじめると同時に、善の原理が働く。カントはいう。「この理念（神の国）は、それを人類の内に呼び起こして公にさせたのが理性であれ、聖書であれ、ともかく教会を設定するという役目を我々に負わすであろう。そして後者の場合、教会に関しては、建設者としての神自身が構成の創始者であるが、しかしそれでも人間はこの国の成員あるいは自由な公民として、如何なる場合でも組織の創始者である」（9−210）。この理念としての神の国に対して「純粋な理性宗教は善い考え」（9−211）を持つ人は真の奉仕者となる。宗教は内から、つまり道徳的視座から考察される必要があることは今までも述べた通りである。しかし他面では、外から、つまり教会という視座から考察される必要がある。「それ（宗教）を外部に伝達可能にする性質に関してのみ分類すれば、宗教は2種類になる。すなわちだれでもが自分の理性によって確信することができる自然的宗教か、それとも他人の学識の助けによってのみ確信させるこができる教学的（gelehrt）宗教かである」（9−214）。
　カントの定義にしたがってこの2種類の宗教を概観しよう。2つの宗教とい

ってもキリスト教を2つの側面から考察するのである。1.「自然的宗教としてのキリスト教」、2.「教学（gelehrt）的宗教としてのキリスト教」という小見出しが付いている。

1．自然的宗教としてのキリスト教
　自然的宗教は道徳の究極目的に関わる者の概念、つまり「道徳的世界創始者（moralischer Welturheber）としての神」（9−217）を基盤とした宗教である。といってもこれは理論理性の定義であり、あくまでもこの宗教は「純粋な実践的理性概念」（同上）としてすべての人に確信されるものである。「この宗教は真の教会の資格を、——普遍的合意を意味する限りでの普遍性を要求できる資格を自分の内に有する。自然的宗教をこの意味で世界宗教として広めたり、維持したりするためには、もちろん見えざる教会への奉仕者（教師は必要であっても、管理者は必要ではない）を必要とする」（9−217）。奉仕者はあらゆる教義から純化されるならば、「真の教会の創設者として尊崇される（verehren）」（9−219）であろう。なぜならば、彼の教えは「純粋な理性の教え以外のものではない」（同上）からである。
　それではカントのいう純粋な理性の教えとはどんなものであろうか。
　カントの記述を箇条書きにすると、次のようになる。
(1)　ただ道徳的心情だけが人間を神意にかなうものにすることができる。外的な、公民的あるいは規約的な教会義務を守ることではない。
(2)　心で犯す罪は神の前で行ったことと同じである。
(3)　神聖性は人間が努力して求める対象である。
(4)　心の中で憎むことは殺すことに等しい。
(5)　隣人に加えられた不正は神に奉仕する行為によってではなく、その隣人に対する贖罪によってのみ償われる。
(6)　誓いは、誠実ということに関していえば、真理を尊敬していることにはならない。

(7) 本性的で悪い性癖（Hang）は変更されなければならない。例えば、復讐は寛容に、敵に対する憎しみは慈悲に移行させなければならない。
(8) 自分の真の道徳的義務を教会に対する義務とを混同してはならない。この混同から生じた欠陥を補うために哀願、嘆願、へつらい、賛美などの希望は破棄されなければならない。破棄する行為が公にされること、つまり良い畑に播かれた一粒の麦が良いパンになるように、宗教が内的な力によって次第に神の国へと近づくようにすること。
(9) 義務
　① 一般的義務：あなたの義務を直接の義務として尊敬するという動機以外から果たしてはならない。つまり一切の義務の立法者（神）を愛すること。
　② 特殊的義務：隣人をあなた自身のように愛すること。
　これらの義務は命令であり、単なる徳の法則ばかりではなく、神聖性の法則でもある。（9－219～221）

以上の純粋な理性の教えは理念であり、もちろんカントは達成されると考えているわけではない。しかし理論的には善が定義され、実践的には目的が措定され、我々人間にとって統制的に働くということが理解されると思う。

2．教学的宗教としてのキリスト教

　キリスト教に対する信仰は理性信仰であると同時に「啓示信仰 (Offenbarungsglaube)、つまり規約的（statutarisch）信仰」（9－225）である。もちろん「前者は各人によって自由に採用された信仰であり、後者は命令された信仰である」（同上）。しかしキリスト教の教えは理性概念に基づくだけではなく、「事実」（同上）に基づき、「教会を基礎とした」（同上）「キリスト教の信仰」（同上）である。その信仰は二面的奉仕を前提にして成り立つ。「一面では歴史的信仰に基づいて教会のためになされなければならない奉仕であり、他面では実践的道徳的理性信仰に基づいて教会に当然属さなければならない奉仕である」（同上）。教学的信仰とは、歴史的信仰といっても先立つ学識を前提にし

ており、「万人に（先立つ）学識があるとすれば」、「理論的に自由な信仰」（9－226）であり得るが、万人に先立つ学識があるとは考えられないから、「神的命令であるかどうかを探究することがなく、服従する信仰」（同上）である。この意味でキリスト教は教学的宗教といわれる。したがって啓示的でもある。

　キリスト教が啓示宗教といわれる理由は、啓示された命題の「無条件的信仰」（同上）から始まるのであるが、しかしあくまでも「歴史的に自由」（同上）な部分を含んでいなければならない。啓示された命題を広めかつ維持するためには、解釈者と学者の奉仕を必要とする。「これが善の原理の支配下での教会の真の奉仕である」（9－227）。しかし啓示を宗教に先行させると偽奉仕となり、道徳的秩序は転倒されたものとなる。つまり理性による自由な信仰という部分を喪失することになり、「単に手段にすぎないものが無条件的に命令される」（同上）ことになる。カントは当時の教会および聖職者を批判している。その箇所を引用して『単なる理性の限界内における宗教』の考察を終えることにする。

　　無学者が理性によっても書物によっても（この書物自体がまず真理であるという証が立てられなければならない限りで）確証できない教義の信仰が絶対的義務（命じられた信仰）とされ、その結果この信仰は、それと結び付いた他の一切の典礼（Observanz）とともに、夫役奉仕としての行為に道徳的規定根拠がなくとも祝福を与える信仰の地位にまで高められる。――この後者の原理に基づいた教会は、前者の体制を持つ教会にみられるような本来の奉仕者を持つのではなく、命令する高位の公職者を持つのであって、この者はたとえ（プロテスタント教会の場合のように）階層制度の輝きの内に外的権力を身に備えた僧官（geistliche Beamte）として現れるのではなく、また実際に言葉に出してそれに抗議するにしても、純粋な理性宗教から常に聖書の最高の解釈者であるというそれにふさわしい尊厳を奪い、聖書の学識のみ教会信仰のために使用すべきであると命じているからには、実際には自分たちだけが召命された聖書解釈者であるとみられることを望んでいるのである。こう

して彼らは、教会の奉仕を教会構成員の支配に変えるのである。もっとも、彼らは、この僭越を押し隠すために、教会の奉仕という謙虚な名称を用いるのであるが、しかし、理性にとって安くついたと思われるこの支配は、実は理性に高くつくのであって、つまり多大の学識の出費を必要とするのである。なぜならば、「理性はその本性に関しては目を閉じ、古典全体を頭上に集めてその身を埋める」からである（9－227～228）。

上の引用文から感受されることは、文字の背後に読み取れるのであるが、カントは理性という術語を使用することによって、当時の教会と聖職者に対して最大限の批判を行っていたということである。聖書と教会を重要視するということでは、カントはルター派に属していたということが理解される。

結語

　以上、カントの倫理観を考察してきた。まず定言的命法を挙げた。その命法は我々が行為するとき、我々が立てる原則（格律）が普遍的道徳的法則とならないならば、少なくともその方向に向いていないとすれば、悪となる。しかしながら道徳は結果にあるのではなく、動機にある。カントによれば、我々が立てる原則を、つまり格律を立てたときはすでに善の方向を向いているのである。なぜならば、格律自体は主観的であり、普遍的法則ではないが、しかしながら格律は我々の自由を前提にし、自由は道徳的法則と円環をなしているからである。性癖や傾向性による動機は格律ではないのである。格律は有機体としての人間が立てるものであるから、当然のことであるが、目的的になる。自然界に目的があるかどうかは断定できないが、自然淘汰は確かに存在する。しかしこれは結果であり、目的は我々人間が立てる原則にすぎない。我々人間は最終目的であって究極目的ではない。人間理性は悟性の限界を超えて、天国や地獄を構想する。否、神をも構想する。神の国をも構想する。その神の国は単なる理想にすぎないが、我々人間を方向づけるものである。したがって究極目的は自然の外におかれる。そうすると逆に、神は自然の創造者であることになり、最終目的としての人間の創造者でもあることになり、神は自然としての人間を介して自己目的を実現するという結果になる。この神の目的を達成するためには、教会は共同体の理想であるから、教会に奉仕するのが最良の方法である。しかし現在の（カントの時代においても）教会は理性的に運営されていない。目前の教会がそのような状態であるから、目に見えない教会を想定し、そのために努力する以外には我々には如何なる手段も残されていないのである。

　キリスト教がローマの国教として承認されてから十字軍の遠征が終わるまで

約1000年を経ている。中世のヨーロッパ政治・経済・文化・思想などあらゆる領域を語るにはキリスト教を抜きにして語ることはできない。ルネッサンスとはキリスト教からの脱皮・メタモルフォーゼであった。その手本となったのがギリシアであった。このことからルネッサンスは文芸復興と訳されるが、ギリシア文化の復活であると同時にギリシア的人間性の復活であった。しかしこの視座はイタリアからのものであった。ギリシアからみるならば、ギリシアの本質的部分ではなく、表面的なものであったであろう。古代ギリシアは多神教の世界であったし、もちろんキリスト教がローマの国教として承認される以前の古代ローマも多神教の世界であった。一神教から多神教への移行は人間の本質からして不可能である。つまり責任を多数に分散させるよりも一者に集中させた方が説明しやすいのである。ルネッサンスの端緒とキリスト教の頽廃とのどちらが原因となったかは不明であるが、たぶん経済的要因もあったであろうが、14・15世紀は中世のヨーロッパの転換期であったことは事実であろう。16世紀のルターの宗教改革、17世紀の30年戦争は近代へ移行するための生みの苦しみであったということができる。ドイツはフランスとは異なり、ある地域を支配する君主が信仰する宗派が、その地域を支配するという政治的協定（ヴェストファーレン条約）が、1648年に結ばれていた。カントは18世紀の初頭、ルター派を信奉する北ドイツ（東プロイセン）のバルト海に臨むケーニヒスベルク（現在のカリーニングラード）に1724年に誕生した。カントの母親はルター派の一派、敬虔主義（Pietismus）を信奉した敬虔な女性であったといわれている。カントは母親から多大な影響を受けたことは確かであろう。彼の生き方はこのような状況で形成されたものであろう。

　人間の本性は善であるか、悪であるかは断定できないが、もし人類が600万年の歴史を持つとすれば、善が悪に勝っているということができよう。ホッブズがいうように、人間の自然状態が戦争状態であったとするならば、おそらく現在は存在しなかったであろう。また将来も存在することはできないであろう。人間はどこかで人間を信じているのではないだろうか。人類の将来を予言する

ことはできないが、もしカントの思想を借用できるならば、人間を信頼する以外には方法はないであろう。カントは理性信仰ということで、当時のキリスト教の頽廃、教会の在り方を激しく攻撃しているのである（つまり「見えざる教会」と「聖書だけ」という術語に看取される）。私はキリスト教徒ではないが、カントの理念は借用できると思う。もちろん人間は理性だけで生きているわけではない。理性を信用するならば、感性も信用すべきである。要するに人間全体を信用しなくてはいけない。なぜならば、理性も感性も人間を構成する要因であるし、両者が一体となって人間となるからである。私はカントがいう「関心」という術語がこのことを表明していると思う。カントが理性を理論理性と実践理性とに分類し、それぞれに関心を容認し、その関心でもって展開するというが、一方が他方に影響を与えないということは不可能である。つまり理論理性と実践理性は相互に独自の領域を有するが、また相互に影響し合うからそれぞれがより高度化することができるのである。もしそうでないとすれば、キリスト教徒ではない私は、カントから如何なるものをも借用することができない。理念は時間空間を超越したものである。このような理由で、私はこの著書の表題を『ある生き方』とした。もしそうでなければ、『カントにおける定言的命法』としたであろう。

　最後に解決しなければならない問題が残っている。それは＜kategorisch＞という術語である。最初に、＜kategorisch＞は＜kata＋agoreuein＞に由来する語であり、「公の場（民会もしくは裁判）で反論する」と訳することができるのではないかと述べた。「公の場（民会もしくは裁判）で反論する」といえば、ソクラテスが想起される。ソクラテスが法廷で「弁明」した。弁明とは被告人が、告訴されたことに自己弁護することであった。ソクラテスは自分の神、つまりダイモニアだけを敬っていて、ポリスが祀る神を敬うことがないという不敬罪と、青少年を混乱させ、堕落させているという扇動罪で告訴されたことに対して弁明したのであった。『弁明』の中でのソクラテスによれば、ある時自分のことで友人がデルポイの神殿でお告げを受けた。そのお告げによれば、ソクラテスは

アテナイで最も賢い人間であるということであった。その理由はソクラテスは自分が無知であることを知っているからということであった。その神殿はアポロン神を祀ってあった。そこには「汝自身を知れ（gnoti seauton）」という言葉があったといわれる。

　ソクラテスにとって、内にはダイモニアがおり、外にはアポロン神、つまり超越神がいた。カントにとっては、内には理性、つまり道徳的善（良心）があり、外には超越神エホバ、つまり預言者としてのイエス・キリストがいた。ソクラテスが従来までの哲学を方向転換させたことはよく知られている。カントは方向転換させたとはいえないが、哲学を自然哲学と道徳哲学に分けた。決して一方だけに加担したわけではないが、当時の教会、聖職者に対する批判が読み取れる。ソクラテスもカントも人間は理性的でなければならないとしたことは理解される。私はカントのいう定言的命法を「自分の理性を通じての自分に対する絶対的命令」であるといったが、これはソクラテスの「汝自身を知れ」にも通ずると思う。「汝自身を知れ」ということは、単に私人としての人間に向けられるのではなく、公人としての人間にも向けられる命令と理解されるべきである。カントのいう定言的命法もこのように理解されるべきである。そうでないとすれば、定言的命法は単なる戯言となる。定言的命法は「公の場で（agora）」の命法であると解釈しなければならない。つまりドイツ語では、命令される主語は「君（du）」となっているが、複数形「君たち（ihr）」と解釈されるべきである。もしそうでなければ、人間は理性的存在者であることを放棄すべきであろう。

あとがき

　カントによれば、哲学は自然哲学と道徳哲学に分類される。著者はこの作品では自然哲学には全く触れなかった。この分野には別の機会に触れることにする。
　カントの倫理は当然のことであるがキリスト教に基づく倫理である。近代の学問は自然科学におけるような普遍妥当性を有することを前提としてきた。ピュタゴラスとその学派は数学の形式性にアルケーを見いだし、プラトンは方法としてその形式性に注目した。カントも数学を哲学に採り入れようとしたが、しかし数学と哲学の差異に気づいて諦めた。確かに数学の普遍妥当性は哲学にとって捨てがたいものであるが、数学は純粋であればあるほど内容を捨象することが必然であるがゆえに、哲学から遊離していかざるを得ない。倫理に数学におけるような普遍妥当性を求めることは不可能である。それゆえ、著者は倫理に学問性を諦め、この作品においては「倫理学」という術語を一切使用しなかった。このような意図のもとで「ある生き方」という表題にした。
　読者の皆さんにこの作品を一読していただけるならば、カントにおける倫理観は理解されるものと自負している。もちろん詳細にカント哲学を理解するためには、読者自身の努力が必要である。その手助けとなることを著者は念じて、本著を終えることにする。

平成14年7月

鳥谷部　平四郎

■著者紹介

鳥谷部　平四郎（とりやべ　へいしろう）

姫路獨協大学外国語学部助教授　専攻：哲学
1946年　青森県上北郡七戸町生まれ
1968年　獨協大学　外国語学部（ドイツ語専攻）卒業
1977年　東京教育大学大学院博士課程（哲学専攻）修了
1989年　4月当大学に就任

著書
『古代ギリシア思想史』（1992）晃洋書房（京都）
『ヨーロッパ　政治思想概説』（2000）大学教育出版（岡山）

翻訳
『カントとシラーにおける構想力』（2002）大学教育出版（岡山）

ある生き方
―― 新しい解釈のないカント理解 ――

2002年10月30日　初版第1刷発行

■著　者────鳥谷部　平四郎
■発行者────佐藤　正男
■発行所────株式会社 大学教育出版
　　　　　　〒700-0953　岡山市西市855-4
　　　　　　電話(086)244-1268　FAX(086)246-0294
■印刷所────互恵印刷㈱
■製本所────㈲笠松製本所
■装　丁────ティーボーンデザイン事務所

ⒸHeyshiro Toriyabe 2002, Printed in japan
検印省略　　落丁・乱丁本はお取り替えいたします。
無断で本書の一部または全部を複写・複製することは禁じられています。

ISBN4-88730-500-1